スクールロイヤー
School Lawyer
にできること

ストップいじめ！ナビ
スクールロイヤーチーム 編

真下麻里子
井桁大介
石田　愛
小島秀一
足立　悠
清水秀俊
西野優花
石垣正純
櫻井光政
飯野恵海
泉　智之
片山敦朗
岡田常志
金子春菜
國松里美
松坂拓也

日本評論社

はしがき

　本書は、日本初の教職員向けスクールロイヤーの取扱説明書です。
　2018年4月、文科省がスクールロイヤーの試行を始めることを発表しました。8月には仙台市がスクールロイヤーを募集するとして話題になりました。実は大阪市では、大阪弁護士会と提携した独自のスクールロイヤー制度が2011年頃から始まり、試行錯誤を重ねて少しずつ実務に定着しつつあります。
　この雰囲気は、15年ほど前のインハウスロイヤー（企業内弁護士）の勃興期に似ています。それ以前、多くの企業にとって、弁護士は裁判や総会など特別な"非常時"に依頼する存在でした。法務部がない会社も少なくありませんでした。そんな中、先進的な企業が少しずつインハウスロイヤーを導入し、日常的に弁護士を活用するようになりました。
　2003年には日本全国で100人足らずだったインハウスロイヤーは、2018年には2000人を超えました。現在では一社で数十人の弁護士を抱える企業も少なくありません。
　弁護士が組織の中に入ることには様々なメリットがあると言われています。中でも重要なことは、組織の中に法の理念が染みこんでいくことです。公正性、公平性、合理性などが組織に浸透し、組織を構成する個々人の尊厳が重視されるようになります。組織内の統治（ガバナンス）や法令遵守（コンプライアンス）が強固になっています。弁護士活用のメリットが広まり、インハウスロイヤーを利用する企業は今後もどんどん広がるものと思われます。
　スクールロイヤーも同様です。インハウスロイヤーに勝るとも劣らない効果が期待されます。利用した自治体・学校からメリットが発信され、利用する学校が広がることが予想されます。

他方、文科省の試行プログラムが2018年から始まったばかりということもあり、スクールロイヤーの役割やイメージはまだ固まっていません。これから数年で、より良い運用の実現に向けて様々な議論が繰り広げられるでしょう。
　学校は子どもの教育という崇高な目的を掲げる特殊な存在です。関わる全ての人が、子どもの健やかな成長のために全力を尽くしています。その関係者に、法律家が入ることは実に大きな意味を持ちます。
　法律家のいないところには法がないとすら言われます。教育現場に法の理念と価値観を融合させることで、これまで以上に子どもたちがより安全に、安心して教育を受けるきっかけとなることが期待されます。
　本書は、「特定非営利活動法人ストップいじめ！ナビ」に所属する16名の弁護士で執筆いたしました。本書の作成を通じて、私たちは、改めて教育現場の担う役割の尊さとその重さを感じています。子どもを安全な環境で健全に育てるという一見シンプルな目的の実現のために、膨大な知見や専門性、労力が必要となります。このことは、教育現場に赴かずとも、関連法規やガイドライン、判例などを列挙してみるだけで容易に認識することができます。現場の教職員が実務をこなしながら、そうしたものに精通することは並大抵のことではありません。ですから、私たちは、スクールロイヤーを教職員のサポート役と考えています。
　もしかすると、本書をお読みになる方の中には「スクールロイヤーを導入すると、こんなに『ああしろ、こうしろ』と言われるのか」と思う方もいらっしゃるかもしれません。
　しかし、それは大きな誤解です。「ああしろ、こうしろ」という不寛容な姿勢が現場をよくすることなどありません。少なくとも私たちの考えるスクールロイヤーはそうした存在ではありません。また、スクールロイヤーの存在によって現場の負担がかえって重くなるような

はしがき

こともあってはなりません。そのしわ寄せが必ず子どもに行ってしまうからです。

　私たちは、法を振りかざして義務ばかりを強調したいのでは決してありません。多くの現場の方々と共に「少ない負担で教育現場に法的視点を導入する方法」を検討していきたいのです。そうした議論がスクールロイヤーを真に現場に役立つ存在にしていくのだと信じています。本書がそのきっかけになれば望外の喜びです。

　本書を手に取る皆様に、スクールロイヤーの魅力が伝わることを願います。

——執筆者一同

＊　＊　＊

　執筆に際しては、同団体の荻上チキ（代表理事）、須永祐慈（副代表理事・事務局長）など多数のメンバーの協力をいただきました。また、同団体の活動を通じて、教育機関で日夜児童・生徒と接する現場の先生方を始め、いじめ問題に取り組む研究者、活動家、支援者など多数の方からご支援・ご指導をいただきました。

　加えて、執筆者の多くはそれぞれ所属する弁護士会においていじめに関する委員会に属しておりますが、それぞれの委員会の委員である弁護士など、いじめ問題に長年取り組む多数の法律家にご教授いただきました。改めて、本書の刊行に至るまでに各執筆陣がご支援・ご指導いただいたすべての方々に御礼申し上げます。

　最後に、本書の企画の段階から深く関与してくださり、コンセプトの根幹に関わる部分からセンスの光る表現に至るまで数えきれないご助力をいただき、かつタイトなスケジュールの中、多数の執筆陣の足並みが揃うよう、的確なマネジメントにより原稿を取りまとめて下さった、編集者の大東美妃さんに心より感謝いたします。

目次

はしがき i

第1章 スクールロイヤーがやってくる！……………………1

第2章 スクールロイヤーと学校法務……………………13

第1話　SL導入の段取り……………………………………14
第2話　学校の法的責任とは………………………………21
第3話　学校運営に必要な個人情報保護…………………27
第4話　労務管理……………………………………………36
第5話　外部者との契約交渉………………………………45
第6話　保護者対応…………………………………………53
第7話　ブラック部活・体罰………………………………60
第8話　セクシャルハラスメント…………………………66
第9話　ブラック校則・指導死……………………………79
第10話　学校事故……………………………………………86
第11話　少年事件……………………………………………92
第12話　SNSトラブル………………………………………99
第13話　懲戒処分……………………………………………109
第14話　不登校………………………………………………119

目次

第3章　スクールロイヤーといじめ対策 …………………… 127

- 第1話　いじめ防止法とは ………………………………… 130
- 第2話　いじめ予防 ………………………………………… 134
- 第3話　いじめの初期対応 ………………………………… 151
- 第4話　重大事態 …………………………………………… 159
- 第5話　SLと教育委員会 ………………………………… 176

第4章　スクールロイヤーとこれから …………………… 183
　　　　　――ナビの活動紹介

参考文献 ……………………………………………………… 218
執筆者一覧 …………………………………………………… 220

第1章 スクールロイヤーがやってくる！

School Lawyer

I　スクールロイヤー制度がはじまります

　みなさんは、「スクールロイヤー」（以下本書では「SL」といいます）をご存知でしょうか。読んで字のごとく学校の弁護士です。

　新しい態様で学校と関わる法律家として、2018年4月より、文科省主導で複数の自治体において試験的に"SL制度"の導入が開始されました。NHKのテレビドラマなどでも取り上げられたため、聞いたことがある方も多いかもしれません。

　実はこのSL制度、まだ試験段階ということもあり、具体的な「在り方」は定まっていません。各自治体の検証を通じて、どういう在り方・関わり方が良いのか模索しはじめたところです。

　これまでも、自治体の顧問弁護士や学校に授業や講演に来る弁護士など、学校に関わる弁護士はたくさんいました。SLには、これらとは異なる、新たな関わり方が期待されています。

　私たちは、NPO法人ストップいじめ！ナビ（以下「ナビ」といいます）の活動を通して、これまで様々な学校と関わってきました。その経験を通じて私たちは、学校に関わる大人たちがお互いの「できること」をもっと理解し合うことができれば、児童・生徒のために、より効率よく適切に協力し合うことができると確信しています。

　本書では、そうした観点から、ナビの活動例を紹介するとともに、ナビの活動を通じて私たちが考えるSLの「在り方」を提示します。学校に関わる人々に弁護士の「できること」

を知っていただき、教育現場と弁護士がしっかりと協力するSL制度創設の土台を築くことが、本書の目的です。

Ⅱ　SLは"学校みんな"をサポートできる

　弁護士にできることと聞いてどのようなことを思い浮かべるでしょうか。一昔前は、主にトラブル・紛争の解決が答えとして挙げられました。しかし、これは弁護士にできることの、ほんの一部でしかありません。弁護士にできることの1つとして、近年注目を集めているのは「トラブル予防」です。

　事実、特に企業法務の分野などにおいて、法的リスクの検討やガバナンス構築のサポートなど、弁護士によるトラブル予防の活動が活発になされています。弁護士にできることが再評価されたことで、企業の中で活躍する弁護士、すなわちインハウスロイヤーは、2001年の66人から2017年には1931人と20倍以上に激増しました（詳細は日本組織内弁護士協会の統計をご覧ください）。

　他方で学校現場においては、学校内で働く"インハウスロイヤー"はほとんどいません。学校も組織です。しかも、児童・生徒・保護者という主要な構成員が定期的に全て入れ替わる、関わるメンバーは数百から数千に及ぶなど、通常の企業よりもはるかにトラブル発生の土壌がある組織です。弁護士のトラブル予防のスキルが十分役立つことでしょう。

　また、いじめ、ブラック部活動、体罰、ブラック校則、モンスターペアレンツ、教職員の過剰労働など、昨今、教育現場が抱える様々な問題は、いずれも原因の1つとして「法」をうまく使いこなしていないために組織としての風通しが悪

くなっていることが挙げられます。

　ですから、SL制度は、弁護士の能力を教育現場に還元することで、トラブル予防をはじめ、法の視点を現場に導入する絶好のチャンスといえるでしょう。弁護士がSLとして教育現場の「内側」に入り、その「仕組み作り（ガバナンスの構築など）」を適切にサポートしていくことができれば、学校という場をより「全ての個人が尊重される安心で安全な場」とすることが可能になります。法や規則を熟知している弁護士は、どのような仕組みを作れば制度的に個人の尊厳が守られやすいかを知っているからです。それは、必ずしも学校内の仕組み全てを大きく変えてしまうといったドラスティックなことではありません。実態を踏まえつつ、ほんの少し、視点や工夫を加えていくだけで変化は生まれます。

　教育現場の「内側」に弁護士を置くことは、学校の体質そのものをより「風通しのよいもの」に変える可能性を大きく秘めているのです。

　これは同時に、これまで教育現場に対して歯がゆさを感じながらも紛争を通して「外側」からしかアプローチできなかった弁護士達が、教育現場の「内側」に身を置くことで、教育現場を個人の尊厳が守られる場とすることに直接貢献できることも意味します。

　今後、そうした「弁護士にできること」に着目した制度設計がなされれば、SL制度は、教育現場にとっても弁護士にとっても画期的な制度となるでしょう。

Ⅲ　SLは「場の法律家」

　これまで、弁護士が教育現場の「内側」に入っていくことは限られていました。そこには主に2つの理由があると考えられます。
　第一に、「学校」の法的地位の特殊性です。実は、学校には法人格がなく、弁護士が業務を行う前提となる委任契約を締結する主体になりえません。また、訴訟の当事者にもなりえません。委任契約や訴訟の当事者になりえるのは、公立であれば地方公共団体、私立であれば学校法人であり、そのトップは校長ではなく経営者である理事長です。すなわち、いわゆる顧問弁護士の"依頼者"は、地方公共団体と学校法人のみです。
　顧問弁護士は"依頼者"の正当な利益を実現することを目的として活動するので、通常の顧問弁護士制度では、弁護士が学校現場のためだけに業務を行うことは簡単ではありません。学校現場は法的サポートを受ける主体として宙に浮いている状態なのです。
　第二に、「法的リスク」の捉え方の問題です。例えば、利益追求を目的とした取引が日々行われている企業においては、法的リスクは比較的明確です。取引機会を失うことや訴訟リスクがその代表です。他方、こうした法的リスクに対する考え方をそのまま教育現場に当てはめると、教育現場では「取引」が行われていないため、法的リスクは訴訟リスクしかないようにみえます。そして学校は訴訟当事者にはならないので、これまで、「学校」そのものには「法的リスクがない」

と考えられてきたわけです。

　しかし、学校の本懐は教育です。子どもたちの人格の形成や尊厳の保持という、極めて重要な「価値」を扱います。その「価値」を損なう状況こそ、真の「法的リスク」です。訴訟などの金銭的請求に発展しうる顕在化した紛争やトラブルばかりに注目するのではなく、その下地となっている些細な不合理や抑圧、人権侵害を、教育現場における真の法的リスクと捉えて対策する必要があります。

　また、学校の構成メンバーは多種多様です。学校という組織を「全ての個人が尊重される安心で安全な場」とするためにも法律や法的視点をきちんと活用していく必要があります。そのためには、弁護士によるサポートが不可欠です。

　近年では、利益追求を主たる目的とする企業においても、CSR（Corporate Social Responsibility：企業の社会的責任）などが注目され、社員や関係者の人権尊重が重視されています。今や人権に対する意識が低い企業は生き残れないとも言われています。未来の社会人を育てるはずの学校がこうした流れと無関係でいるわけにはいきません。

　以上のような理由から、SL制度において弁護士は、地方公共団体を守るためでも学校法人を守るためでも、校長などの管理職個人を守るためでもなく、学校という「場」そのものを守るため、教育現場から人権侵害を無くしていくために活動することが求められています。SLの活動の紹介の文脈でよく使われる「トラブル予防」や「紛争解決」といった言葉は、「学校から人権侵害をなくす」という意味合いとして使われていると考えるのが適切です。

こうした観点から私たちは、学校という「場」に奉仕する存在として、SLを「場の法律家」と呼んでいます。

Ⅳ　SLが力を発揮するために

1　「依頼待ち」からの脱却

SLを「場の法律家」として効果的に活用するためには、インハウス・ロイヤーの活躍が参考になります。弁護士を紛争処理の時だけ利用する場合は、「紛争やトラブルの発生→相談→アドバイス」という流れをたどります。この流れは弁護士から見ると「依頼待ち」の状況です。

例えば、SLが年に2、3回学校を訪れるだけといった仕組みや、教職員からの相談があって初めて相談に乗る（学校を訪れる）ような仕組みは、「依頼待ち」スキームの典型です。これでは、学校という「場」から人権侵害をなくすために弁護士ができることは限られてしまいます。教職員が人権侵害と感じたものだけが取り上げられるためです。「上級生が部活内でかなり抑圧的・威圧的な指導を行っているが、抜群の実績があることから、下級生も教職員も誰も疑問の声を上げていない場合」などがわかりやすい例でしょう。

ブラック部活動問題などを原因とする痛ましい事件の多くは、問題を感じにくい、あるいは感じていたとしても声を上げられない「学校特有のルールや空気」を土壌としています。

これは、深刻な事態が生じる前段階において、教職員や児童・生徒たちが必ずしも適切な問題意識を持っているとは限らないことを示しています。むしろ、渦中にいて「当たり前」を共有してしまっているからこそ、見えにくい側面があるの

だと推測できます。

　こうした状態に対して、「特有のルール」に縛られない"外部者"が異変に気付き、これを放置しないこと、早期にアドバイスなどの対処を行うことが重大な結果を回避するには極めて重要です。SLは、こうした問題にこそ積極的に対応するべきです。

　弁護士としては、先に挙げた例のように誰からの依頼も受けておらず、誰も対処を望んでいない（ように見える）その問題に、着手するのはやや抵抗があるかもしれません。通常の業務においては、弁護士が依頼者に対する意向確認なく勝手な判断で活動することなどありえないからです。また、そうした「かなり抑圧的・威圧的な指導」が判例に裏打された明確な違法行為といえるのかといった迷いも生じるかもしれません。

　しかし、例えば、児童虐待防止法5条1項では、弁護士が「児童虐待を発見しやすい立場」にあるとして、弁護士に対し、児童虐待の早期発見の努力義務を課しています。これは、少なくとも弁護士の活動が、人権問題については決して「依頼待ち」ではないことを示しています。

　また、同法やいじめ防止対策推進法においては、子どもの人権侵害に対しては必ずしも現認する必要はなく、そのおそれがある時点で報告や調査の開始を求めています。これは、より早い段階で対応することの重要性を前提としています。

　そもそも弁護士の使命は、「基本的人権の擁護」及び「社会正義の実現」（弁護士法1条1項）にあります。目の前に人権侵害のおそれがあれば、判例の裏打ちの有無を問わず、適

切に対応する必要があります。

　したがって、弁護士としても必ずしも通常業務における「紛争やトラブルの発生→相談→アドバイス」といった流れに捉われることなく、「場の法律家」として教育現場と真摯に向き合い、自らの判断で積極的に活動していくことが求められます。教育現場にも、弁護士の積極的な活動をサポートする仕組みづくりが求められます。

2　SLの取り扱い注意点

　SLを「場の法律家」と捉えることは、同時に「特定の個人の利益を実現する役割」を担わないことを意味します。ですから、SLは個人の権利利益が明確に対立する"紛争"が校内で生じてしまったら、過度に介入すべきではありません。当事者のうちの誰かの権利実現の機会を不用意に失わせてしまうおそれがあるためです。

　また、代理人として相談者の正当な利益を実現しえない立場にある以上、生徒や保護者から直接法律相談を受けることも可能な限り避けるべきです。仮に生徒から紛争に発展しうる相談を受けた場合は、SLではない別の弁護士に相談するよう促したり、場合によっては相談先を紹介したりするなどして当該生徒の正当な権利を実現する機会を失わせないようにする必要があります。

　校内で発生する紛争については、弁護士が法律及び職業倫理上禁じられている利益相反の問題を常にはらんでいることを踏まえ、SLは校内の紛争と一定の距離を置かねばならないと考えるべきでしょう。

具体的には、紛争が生じた場合、SLは場の法律家として、学校を運営する側である教職員に対して法的な見立てを述べるなど、健全な学校運営を行うためのアドバイスを行う程度の活動に留めるべきといえます。とはいえ、「場の法律家」として、児童・生徒から日常的な相談を受けやすい地位にあることは確かであり、その意義を全面的に否定することは望ましくありません。今後のSL制度の試行錯誤の中で、それぞれのSLが利益相反に陥りやすい緊張関係を常に意識しつつ、ベストプラクティスを構築することが期待されます。

3　必要な制度設計

　以上のとおりSLが効果的かつ適切に活動するためには、以下の特徴を確保する制度設計が大切です。

① 「学校という場」に奉仕する使命を担っていること
② 学校から「人権侵害やそのおそれを減らす」ことが目的であること
③ 「依頼待ち」にならないこと
④ 一定の独立性を有すること

　SL制度が全国で本格的に開始されると、SLは、地方公共団体や学校法人の依頼を受けて派遣されることになると思われます。だからこそ、それらの代理人ではなく、①「学校という場」に奉仕する使命を担う存在であることは、条例や委任契約書に明記する必要があります。ここを曖昧にしてしまうと、地方公共団体や学校法人の顧問弁護士と同じ活動範囲となってしまいます。

また、SLが紛争やトラブルの対応だけを行うような仕組みとなってしまっては、②学校から人権侵害やそのおそれを減らすという真の目的を達成できません。この目的もまた条例や委任契約書に明記されるべきです。

　さらに、SLを学校の「内側」の弁護士とするためには、実際に学校をその目で見たり、現場の教職員と接して信頼関係を構築する必要があります。そうしてはじめて、学校が抱える様々な問題を解消したり、ガバナンス構築などのサポートを行うことが可能となります。③SLが「依頼待ち」とならないために、少なくとも月1、2回以上はSLが学校に赴いて一定時間滞在することが保障されるべきでしょう。

　加えて、SLは、時に可視化されていない問題とも向き合う必要があります。究極的には「学校という場」の利益になるものの、形式的には設置者と対立することもあるかもしれません。SLが「学校という場」において最善の活動をするためには、④学校内の「特有のルール」に縛られない独立性を確保しなければなりません。具体的には、SLの活動については安易な理由で服務規程違反に問われたり、懲戒処分や解任がなされたりしない建て付けにすべきです。

　なお、公立学校については、予算の関係上、条例などの整備なくSLを学校に派遣することはできませんが、私立学校については、そうした縛りはありません。勤務体系、報酬、業務範囲などを定めて弁護士と業務委託契約を締結しさえすれば、すぐにでもSLを学校に導入することができます。

　その際には、SLと顧問弁護士を意識的に区別し、SLのこれらの特徴を重視する制度設計にすることが望まれます。

V　この本の構成

　この本では、16人の弁護士が、想定されるSLの活動内容を具体的に検討しています。どの弁護士もナビの活動を通じて、学校をより安全で安心できる環境にするため、教職員の方々や様々な関係者の協力を得ながら、教育現場と真摯に向き合ってきました。以下の各章では、そうした経験をもとに弁護士が教育現場で「できること」を具体的に提案しています。

　第2章では、SLとして活躍が期待される14の場面をあげています。それぞれに事例を設定し、基本的な法制度や裁判例を紹介しつつ、SLならではの視点や活動イメージをできる限り具体的に紹介します。

　第3章では、SLによる活躍がもっとも期待される場面の1つであり、ナビの弁護士たちがこれまで力を注いできたあるいじめ対策にフォーカスしてSLの活動例を紹介します。

　第4章では、ナビのこれまでの活動を紹介します。SLに求められる活動は、学校現場における日々の活動にとどまりません。独立性と専門性を活かし、学校現場と社会のハブとなって、あらゆる角度から「学校という場」をよくするアプローチが求められます。ナビの活動例はその一例であり、弁護士に「できること」の例としても多くの方々に参考にしていただけると思います。

　SL制度には大きな可能性があります。今後、より活発にその在り方に関する議論がなされていくことでしょう。本書の提案が、SL制度に対する議論を深め、SLをより活用しやすいものとする契機になれば、これほど嬉しいことはありません。

第2章 スクールロイヤーと学校法務

School Lawyer

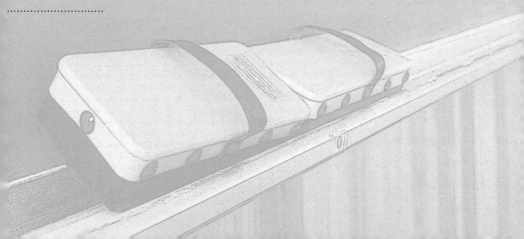

第1話　SL導入の段取り

> **事例1　〜公立の場合〜**
> 　A市のB市長は、C中学校など複数の学校に試験的にSL制度を導入して、学校現場で生じる様々な問題に関するアドバイスを受けられるよう、5名の弁護士をSLとして委託することを決めました。そこで、具体的な手続きを、A市顧問弁護士のD氏に相談しました。

I　SLは誰が導入を決めるのか

　SLの導入を決定するのは誰でしょうか。公立学校の場合は、事例1にあるとおりSLと契約をする主体は自治体であり、その首長が決定権者です。

　学校や学校長はSLを導入する決定権者になれません。学校現場では、校長が校務をつかさどり、所属職員を監督していますが、これはあくまで組織内部の権限分配です。一般に、学校や学校長は独立した法的な主体とはなれません。

　教育委員会も同様です。しばしば教育委員会が、例えば「いじめ問題対策調査委員会委員」といったような役職を新たに設置して、弁護士などを任命したりしますが、これは会社内部の辞令のようなものにすぎません。教育委員会も学校や学校長と同じく独自の法的主体とはなりません。

　SLの導入を最終的に決定するのは、独立の法主体となる自治体であり、その責任者である首長です。

Ⅱ　SLに適任の弁護士はどうやって探すのか

　事例1のB市長はSLの導入を決め、その方法をD弁護士に相談しています。

　SLは、弁護士であれば誰でもできるというわけではありません。学校は教育機関であり、その究極目標は子どもの健やかな成長です。教育的な配慮・判断に対する理解に乏しい弁護士がSLとして関与することは、学校に不利なことを隠すとか逆に学校叩きに走るといった、教育的にも法的にも無意味な活動をすることにより、かえって問題をこじらせたり、紛争を無用に激化させる可能性すら生じさせます。教育という営みに十分な理解と敬意を抱く弁護士がその職務に当たることが求められます。

　D弁護士としては、このような観点から適切な弁護士を探すことになります。もちろん、D弁護士が自らの人脈を掘り起こし、適任の弁護士を一本釣りするという方法も考えられますが、本書では、以下の理由から、弁護士会を通じて派遣を依頼することを勧めます（なお、ナビは、SL派遣チームを設けており、以下に述べる弁護士会と同じ特徴を有しています）。

　第一に専門性です。ほとんどの弁護士会には、法教育委員会や子どもの権利委員会など、教育分野を専門とする委員会が設けられています。これらの委員会に所属する弁護士は、教育関連の業務を多く経験している上、継続的な研さんを積んでおり、SLに求められる専門性を備えています。

　第二に組織性です。委員会を通じて委嘱することにより、委員会のバックアップが期待されます。個別の弁護士の経験

や能力を超える問題に直面した際にも、背後に控える多数の弁護士による組織的な支援が期待されます。

　第三に継続性です。委員会と連携し、SL の運用に関する情報を共有することで、弁護士の交代や、新たな学校に追加で SL を派遣する際などに、それまで蓄積された運用方法を即座に転用できます。人脈のみに基づいて SL を依頼すると、弁護士の追加や交代に際し、継続性や一貫性が実現できなくなる恐れがあります。

　近年、各弁護士会は、法教育、いじめ防止教育、消費者教育など、様々な形で学校現場との関わりを持ち始めています。自治体という組織が SL 制度を構築する際には、弁護士会という組織を活用することが望まれます。

Ⅲ　SL は誰にアドバイスするのか

　SL の導入を決定する依頼者は自治体ですが、実際に SL が活動するのは学校現場で、アドバイスの主な相手は校長や教職員です。ここに SL の大きな特徴があります。第 1 章で述べたように、SL が目指すべきものは「学校という場」から人権侵害やその恐れを減らし、児童・生徒の安全・安心を実現することにあります。そのためには、現場の教職員の健全な教育活動を法的に支える必要があります。教育に関する問題はまさに「現場」で起きています。多くの場合、問題の当事者となるのは現場の教職員です。一般の教職員が気軽にSL に相談できるよう、制度を工夫しなければなりません。

　B 市長としては、市を挙げて SL 導入のメリットを理解し、市民に広報し、周知すべきです。そして、教育委員会や学校

長レベルだけではなく、一教職員が気軽に相談できるような体制を構築することが望まれます。

Ⅳ　SLの導入にあたって留意すべきこと：利益相反の問題

　SLの制度設計にあたり常に注意を払わなければならないことは、利益相反の問題です。依頼者を相手方としてはならないという弁護士の重要な倫理です。

　弁護士は、本人の代わりに法律の専門家として代理人となり、依頼者である本人の利益のために活動します。しかし、SLは「場の法律家」です。教育現場の安全と安心の向上に努めるにあたり、ときには、児童・生徒と直接関わりあいを持つ場面も想定されます。例えば、児童・生徒のトラブルが発端となり、学校と保護者の対立が高じて法的な紛争が生じた場合に、過去に当該児童・生徒と直接関わりあいを持ったことのあるSLが学校の代理人となることは利益相反にあたると考えられます。逆に、ひとたび学校の代理人となった弁護士が、その後、児童・生徒と直接関わる形で、SLとして活動することも問題です。

　学校現場の特定の誰かのために活動すると、他の誰かと利害が相反します。「場の法律家」である以上、SLは特定の誰かを依頼者としてはならないのです。

　とはいえ、SLの報酬は、依頼者である自治体から支払われることが一般的です。そのため、SLの導入にあたっては、①自治体が報酬を支払うが、②SLは自治体の法律家ではなく「場の法律家」として学校現場で活動し、③個別の事件で

自治体や学校の代理人とはならないこと、を事前に強調しておかなければなりません。この点を曖昧にしてしまうと、自治体が報酬を支払うのだから自治体のいうことを聞くべきだとか、自治体が紛争に巻き込まれた際には自治体の代理人として働くべきだなどと、自治体が依頼者として扱われることを求めてしまい、通常の顧問弁護士と差別化が図れません。SL制度の設計にあたり、報酬を支払うのは自治体ですが、実際にリーガルサービスを受けるのは現場の学校であることは、しつこいほど強調される必要があります。

V 条例の制定が必要

　以上に加え報酬など予算作成の必要も生じるため、A市としてSLに関する条例を制定することが予想されます。

　条例では、これまで述べてきたこと、すなわちSLは「場の法律家」であること、紛争解決を目的とするものではなく学校から人権侵害やその恐れを減らすことが目的であること、自治体を含め特定の誰かを依頼者とすることはできないこと、委嘱は弁護士会の特定の委員会を通じて人選することなどを盛り込むべきです。

> **事例2 ～私立の場合～**
> SL制度の導入が学校の評価を高めると考えた私立E学園のF理事長は、SL制度を導入することとしました。

I　SLは私立学校の評判を高める

　原則として学区制が取られる公立学校と異なり、私立学校は激しい生徒獲得競争にさらされています。保護者として、人権侵害やその恐れがないか、安全・安心に生徒が学校生活を送ることができるかといった事情は、学校選択の考慮要素として年々重要性を増しているとされています。

　また、私立学校は、公立学校と異なり、学校法人が法的主体となります。教職員も個人責任を問われます。学校運営にあたり、リスクマネジメントの観点からも、高いコンプライアンス意識が必要です。

　多くの学校法人は顧問弁護士を利用しています。ただ、顧問弁護士の職務は、基本的に学校法人の運営にあたって必要なリーガルリスクの対応にとどまります。教育現場の人権侵害やその恐れを減らすことではありません。また、顧問弁護士は学校法人という特定の依頼者のために業務を行うため、利益相反の点から「場の法律家」となることは望ましくありません。

　競争優位という点でも、教職員のリスクマネジメントの観点からも、私立学校にとってSL制度の導入は、魅力的な選択肢です。SLを導入することで、人権を尊重する学校であ

るというメッセージを内外に発信することができます。

Ⅱ　私立学校はすぐにでも SL を導入できる

　私立学校のもう1つの特徴は、意思決定が迅速かつ柔軟であるということです。

　公立学校とは異なり、私立学校の場合は、弁護士と業務委託契約を締結すれば来週にも導入できます。

　また、運用していくなかで、勤務日数や勤務形態、いじめ授業などの新たな企画の導入など、必要な改善を適時に行うことが可能です。

　なお、SL の選び方、学校内での役割、利益相反に注意が必要であることについては、公立学校の場合と同様です。

第2話　学校の法的責任とは

> SLとして委嘱を受けたA弁護士は、公立のB中学のC校長から、手始めに学校が負う法的責任について教職員向けのセミナーを開くよう依頼を受けました。学校現場に法的な視点を導入する絶好の機会です。A弁護士は、私立中学校の場合と比較しながら、B中学の先生たちに「法的責任」について解説することにしました。

I 「学校の法的責任」とは

　法的な責任主体となりえるのは、学校の設置者（自治体または学校法人）ですが、本書では、学校の設置者や教職員個人が、市民や保護者、児童・生徒などから、なんらかの責任を追及されることを「学校の法的責任」と呼びます。
　「学校の法的責任」を規定する法律は、国公立と私立で異なります。原則として国公立には国家賠償法が適用され、私立学校には民法が適用されます。該当する条文をマトリックスで整理すると、不法行為責任の基本形は以下のようになります。

	設置者の責任	教職員の責任
私立	民法715条、717条	民法709条
国公立	国家賠償法1条1項、2条1項	国家賠償法1条2項

ただし、国立学校に関しては注意が必要です。2004年の国立大学の独立法人化に伴い、運営主体が国ではなくなりました。これにより国立の小中高の法的責任に関して国家賠償法ではなく、民法が適用される可能性が出てきています。実際に国立大学の大学院の教職員に対する法的責任として、国家賠償法ではなく民法を適用した裁判例が散見されます。最高裁判所による判例がでておらず、確立していない論点ですが、本項では国立大学には民法が適用されるものとして進めます。

公立と私立・国立の最大の違いは、事件や事故が起きたときに教職員個人が賠償責任などを負う可能性の有無です。私立の教職員は一個人として直接責任を負います。他方で、公立の教職員は、原則として個人では責任を負いません。公務員は国や自治体の権力を、いわば手足となって行使しています。公務員の行為によって損害が生じた際には、権力行使の主体である国や自治体が責任を負う一方で、個人の責任は故意又は重過失がない限り免除されています。国立の学校に民法が適用される場合の、最大の相違はこの点です。国家賠償法ではなく、民法が適用されるとなると、国立の教職員は個人責任を負うこととなるため、注意が必要です。

なお公立の教職員とはいえ、いざ裁判となると教職員個人が単独で訴えられるケースもあります。原告の選択ですので、これを止める手段はありません。その場合、設置者たる学校法人や自治体からサポートは受けられるとしても、裁判は個人で対応しなければなりません。公立の教職員であっても、仮に個人として裁判で訴えられれば、自分は個人としては責

任を負わないはずだ、という主張を自ら裁判の場で行う必要がある点については、留意が必要です。また、国立の教職員は、判例が確立していない現時点では、国家賠償法が適用されるか否かは重要な争点となります。近年は教職員向けの賠償保険も発売されています。興味深いことに、保険の必要性が低いと考えられる公立の教職員よりも、リスクヘッジが必要なはずの私立の教職員の方が加入率が低いとの話もあるようです。

　法的責任の内容は、基本的には損害賠償となります。損害賠償とは事故や事件で生じた様々な損失を金銭に置き換えるものです。例えば、生命が失われたような場合には、被害者の想定される生涯賃金などをベースに金銭換算されます。このように、本来は金銭に置き換えられないものも全て金銭に評価して賠償額が算定されていきます。

Ⅱ　責任を負う場合

1　「故意」「過失」があると責任を負う

　公立であれ私立・国立であれ、責任を負うこととなる基本的要件は概ね共通しています。多くの場合、違法な行為につき「故意」又は「過失」があるか否かが主として問題となります。行為の違法性は事案によって様々です。また、「故意」が裁判で立証されることは極めて稀で、多くの場合で「過失」の有無が最大の争点となります。

2　「過失」の中身

　教職員個人が問われる「過失」は、事件や事故が生じた場

合に、当該事件や事故について、「予見することができたか」、「回避することができたか」という視点から争われます。また、設置者の責任については、しばしば「安全配慮義務」という視点からも問題となります。

「過失」や「安全配慮義務」の内容は一義的に定まっているものではなく、具体的な教育活動の性質、時間や場所、児童・生徒の年齢、知能、身体の発達状況などの事情が総合的に考慮されます。

学校運営に責任を持つ設置者には、常日頃から、起きうる事件や事故を想定し、発生防止のための体制、情報共有のための体制、重大化をさせないための体制などを講じることが求められます。

また、設置者に関しては、「調査報告義務」も重要です。教職員による違法行為や不適切な行為が疑われる場合、学校は、信義則上、保護者に対して調査報告する一般的な義務を負うと示した裁判例があります。

校長は、校務をつかさどり、所属職員を監督する義務を負う立場にあるため（学校教育法37条4項、49条、62条など）、事実関係を調査・確認し、教職員による違法行為が事実であるならば、謝罪や再発防止策の立案・実施を行う責務があります。

校長がこのような対策を十分に行えない場合には、公立学校の場合には教育委員会、私立学校の場合には地方公共団体の私学助成における監査担当部門に対し、事実調査や対応が要請されることもありえます。

なお、賠償責任までは負わない事案でも、弁護士会に対する人権救済申立てなどがなされる可能性があります。今後、

学校には、第三者委員会や弁護士会からの調査にも対応できるだけの態勢が必要となってくると考えられます。

Ⅲ　対象となる「教育活動」

　自宅で遊んでいる時に児童・生徒に事故が起きても学校の法的責任は問題になりません。他方で、校舎以外であれば一切責任を負わない、というほど単純なものでもありません。法的責任を問われる活動は、一般に「教育活動及びこれと密接な関係にある生活関係」と解されています。

　この範囲は比較的広く認められる傾向にあり、学習指導要領上のいわゆる「特別活動」、つまり学級活動、生徒会活動、クラブ活動、学校行事などでも、しばしば教育活動の範囲内とされます。放課後でも、休憩時間中でも、夏休み期間中でも、「特別活動」に当てはまれば同様です。

　例えば、休み時間中は、一般に学校における教育活動と密接不離な関係にあり、注意義務を負う範囲とされています。ただ、「予見することができたか」という点は通常の授業中よりやや緩やかに判断されており、なんらかの事故が具体的に予見できる場合に限られるとする裁判例もあります。

　部活動や、教師の許諾を得て居残りをしていた場合には、基本的に教育活動の範囲内とされています。例えば、文化祭用の着ぐるみを着用して写真撮影中に校舎屋上から転落した事案において、学校に一部責任があると判断した裁判例があります。

　なお、いじめを含む、児童・生徒間の事故においては、年齢が低くなるほど、教師が負う義務の範囲が広くなる傾向に

あります。普段から問題を起こしている児童・生徒に注意を払う必要性、危険な道具に関する保管や使用方法への指導の必要性などが考慮されています。

Ⅳ　常に「法的責任」を意識した教育活動を

　法は不可能を強いるものではありません。具体的な事情を踏まえ、設置者や教職員に法的責任を負わせるべきか、個別に検討されます。杓子定規な基準は現場を萎縮させ、逆効果になります。SLがそれぞれの学校の事情や状況を把握し、具体的に法的責任が生じうる場合を分析し、適切に対応して行くことが求められます。

第3話　学校運営に必要な個人情報保護

> 　A私立学校で授業参観があり、そのときに生徒たちが作文の発表を行いました。時間の関係で発表できなかったものの、素晴らしい作文を書いた生徒もいました。担任のB先生は、そのなかからいくつか抜粋して、そのときの様子を写真とともに学級通信に載せました。

I　学校における個人情報管理の必要性・重要性

　近年、個人情報保護に関する意識が高まっています。学校には子どもに関する個人情報がたくさん集積されています。インターネットを経由する漏えい事故もしばしば起きています。SLとしても注意が必要な分野です。

　事例のような出来事は、学校においては「よくあること」と考えられます。しかし、個人情報保護の観点からは、注意しなければなりません。以下、個人情報に関する法律や学校での実践について検討します。

II　学校に関連する個人情報保護の法律

　学校の種類によって、個人情報保護に関して適用される法令は異なります。

1　私立学校

　事例のような私立学校には、「個人情報の保護に関する法律」

（以下、「個人情報保護法」といいます）が適用されます。

　また、各自治体の個人情報保護条例の民間業者規定も適用になります。たとえば、東京都個人情報の保護に関する条例では、民間の法人を「事業者」（2条6項）とし、その責務として、「個人情報の保護の重要性にかんがみ、事業の実施に当たっては、その取扱いに適正を期し、個人の権利利益を侵害することのないよう努めなければならない」（27条）と定めています。他にも、知事その他の執行機関は、事業者の取り扱う個人情報についての苦情を処理するよう努める（29条の2）、助言・勧告ができる（29条の4）旨などを定めています。他の多くの個人情報保護条例でも同様ないし類似の規定を置いています。

2　国公立学校

　国公立学校は私立学校と異なり、個人情報保護法が適用されません（同法2条3項）。かわりに、国立学校には「行政機関の保有する個人情報の保護に関する法律」が、公立学校には各自治体の個人情報の保護に関する条例が適用されます。

　個人情報保護法と同様の目的で制定されていますが、若干制度などが異なるため注意が必要です。

Ⅲ　個人情報保護法の適用範囲

　個人情報保護法は2005年4月に全面施行されました。利用者や消費者が安心できるように、企業や団体が個人情報を適切に扱いつつ、有効に活用できるよう共通のルールを定めたものです。

近年、ビッグデータ時代を迎え、個人に関する情報が大量に集積・活用されるようになりました。それを受けて、個人情報として保護される範囲が不明確となり、プライバシー保護の観点から慎重な取り扱いが要望されるようになりました。これを受けて、個人情報保護法が大幅に改正され、2018年5月30日に全面施行されました。この改正によって、今まで除外されていた小規模な事業者も含めた、「すべての事業者」に個人情報保護法が適用されるようになりました。もちろん、学校やPTAも例外ではありません。以下、学校にかかわる部分について説明します。

Ⅳ　学校における個人情報保護

1　概要

　個人情報とは、生存する個人に関する情報であって、氏名や生年月日などにより特定の個人を識別することができるものをいいます。他の情報との組み合わせによって個人を識別できるものも含みます（個人情報保護法2条）。

　個人情報保護法は、主に以下の4つのルールを定めています。

⑴　利用目的の特定、本人への明示、範囲内での利用

　個人情報を書面で取得する場合には、原則として本人に利用目的を明示（公表又は通知）しなければなりません。取得した個人情報は利用目的の範囲内で利用する必要があります。そのためには、利用目的をできる限り特定する必要があります。特定した利用目的の範囲外で利用する場合には、あらかじめ本人の同意を得なければなりません。

「要配慮個人情報」（2条3項）、すなわち、人種、信条、社会的身分、病歴、犯罪の経歴、犯罪により害を被った事実その他本人に対する不当な差別、偏見その他の不利益が生じないようその取扱いに特に配慮が必要な情報については、利用目的の特定・明示に加えて、取得する際にあらかじめ本人の同意が必要なので、注意が必要です。

また、「個人情報データベース等」（2条4項）を構成する「個人データ」（2条6項）については、利用目的の達成に必要な範囲内において、正確かつ最新の内容に保つとともに、利用する必要がなくなったときは、すぐに消去するように努めなければなりません（19条）。「個人情報データベース等」とは、簡単に言えば、個人情報を検索可能なように体系化したものです。メールソフト上のアドレス帳や表計算ソフトで作った名簿のデータが典型です。紙媒体であっても、児童・生徒の名簿のように、五十音順に並べてあるなど、一定の規則でまとめられ、検索可能であれば該当します。

(2) 安全管理措置

「個人情報取扱事業者」（2条5項。「個人情報データベース等を事業で使っている者」）は、個人データの安全管理のために必要かつ適切な措置をとらなければなりません（20条）。個人データが漏えいなどした場合の本人が被る権利侵害の大きさを考慮して、様々な安全管理措置を取る必要があります。

(3) 第三者提供時の本人の事前同意、記録

個人情報取扱事業者は、個人データを第三者に提供する場合、原則としてあらかじめ本人の同意を得なければなりません（23条1項）。個人データを提供した場合や提供を受けた

場合は、一定事項を記録する必要があります（25条、26条）。
(4) 本人への保有個人データの開示

個人情報取扱事業者は、本人から保有個人データの開示請求を受けたときは、本人に対し、原則として開示しなければなりません（28条）。

以下、学校での対応について、具体例を挙げながら説明します。

2　学校における個人情報

学校における個人情報に関して、特に注意が必要なのは、以下の2点です。

1つ目は、個人情報の主な主体が「子ども」である点です。それも、その子どもにとってとてもセンシティブな情報であり、学校だからこそ保有しているものが数多くあることです。たとえば、成績、健康状態、作品から明らかになる思想・信条などです。個人情報保護法では、その収集、利用、提供において、「同意」を必要としています。民法の原則に照らせば、子どもは「未成年者」であり、原則として法律行為をするにあたり、保護者（法定代理人）の同意が必要です。実務的には、保護者からの「同意」を得ることで個人情報を扱うことが必要になります。この際、保護者の同意を取ればそれでよいということではなく、子どもの不利益にならないようにすることはもちろん、子どもの意に反した取り扱いは望ましくありません。あくまで情報の主体は「子ども」であることを意識する必要があります。

もう1つは「教育目的のためならよい」と安易に考えては

ならない点です。例えば、転校先の学校からの問い合わせに、本人の同意なしにあらゆる個人情報を提供することは、前述の第三者提供時の本人同意の要請に抵触する可能性があるので、避けるべきと考えられます。

なお、「法令に基づく場合」には例外的に同意が不要です。たとえば、指導要録の写しを校長へ送付する行為は、学校教育法施行規則24条3項に規定されており、本人の同意なしに行えます（23条1項1号）。

法令に基づかない場合には、原則どおり、本人の同意が必要となります。たとえば、通知表は本人や保護者にあてたもので、法令上の例外となっていません。指導要録の送付が義務付けられていることを踏まえると、個別に問い合わせを受ける内容は指導要録に書くべきことを超えていることが一般的です。問い合わせを受けた際は、常に本人の同意を得ているか、法令上の根拠があるかを意識することが肝心です。

3　体制整備と保護の方法

このように、子どもや教職員などの個人情報が大量に集積されている学校において、適切な個人情報の取り扱いがなされるためには、そのための体制整備と取扱いに関するルールの作成及び周知徹底が重要です。

(1)　体制整備

まず、個人情報の管理体制を明確にすることが求められます。校長を個人情報管理の責任者、教頭を個人情報管理者とすることが一般的です。教職員一人ひとりに管理を任せきりにしてしまうことは避けなければなりません。

(2) 規則・マニュアルの作成

　続いて、個人情報の取り扱いについての規則を作成し、取得や管理についての手続きを明確にしておくことが大切です。また、規則に基づいた運用をするためにも、マニュアルも作成することが望まれます。

　具体的には、個人情報にあたるもののリストアップ、外部への情報提供の際の手続き、保存期間や保管方法などについて、記載するべきです。また、上記の「同意」との関係では、「誰が情報の主体なのか」を意識した形にするとよいでしょう。

　たとえば、児童・生徒の連絡先などが記載された名簿の取り扱いについて、紛失や漏えいを防ぐうえでは原則、持ち出し禁止にすることも一案です。しかし、あまりに硬直的な運用は教育現場を萎縮させ、真に必要な対策を遠ざけてしまいます。例えば「誰から」「どの書式で」「何を記載するか」を定め、それに則った手続きでの持ち出しにすることで、リスクを最小限に抑えることができます。規則を決めず自由に持ち出し可能としていると、複数のコピーを色々な場所に入れたままにしておくなど、誰がどのように個人情報を保管しているか把握できない状態となり、紛失したことすら把握されず、流出が発覚した時点ではすでに大きな被害となっていることもありえます。特に、紙媒体ではなく、データをコピーした場合には、インターネットなどを経由して流出し、回復不可能な損害が生じる可能性があります。

(3) 研修・説明会

　規則やマニュアルを作成しても、周知されていなければ意味がありません。現役の教職員が中味を理解し、活用するこ

とが必要です。そのためには、SLを中心とする研修の実施が不可欠です。

　その際重要なことは、細かな線引きに拘泥せず、何が個人情報に当たるのか、またそれについて「この対応で大丈夫か」確認するという意識を一人ひとりに醸成することです。

　SLが保護者や子どもに対する個人情報についての説明会や授業を行うことも効果的です。学校が個人情報を取得する際などに、書面での同意を求めたりする場合、大事な手続きであるとして協力が得られやすくなると考えられます。また、学校で管理している個人情報と同様のものを、子ども自身が漏えいさせてしまったり、保護者間でやり取りをするうちにトラブルになったりすることも大いに考えられます。近年は、自分の情報管理にセンシティブになっていますが、一方でインターネットやSNSが普及したことにより、個人からの情報発信が容易になったこともあり、意図せずに他人の個人情報を公開してしまっているようなことも多々見受けられます。保護者や子どもの個人情報に関するリテラシーを高めるためにも、法律の専門家であるSLの研修は効果的です。

4　問題発生時の対処

　万一紛失・漏えいが起こってしまった場合には、ただちに被害を最小限にとどめる措置を取らなければなりません。その場合の初動や報告についても、規則に定めておくとよいでしょう。そのうえで、SLに相談の上、漏えいした情報の「本人」に対し謝罪の上、再発防止措置を提示することが望まれます。

V 事例の検討

　まず、A学校における学級通信の位置づけを確認します。これは、担任の教職員が作成していることが多いと思いますが、学校が発行している以上、個人情報管理という観点では責任者は校長です。

　学校が発行しているものである以上、同校の個人情報の規則の確認が必要です。作文には児童・生徒の名前のみならず、しばしば生活状況、家族構成、思想・信条などが含まれています。また、写真についても同様です。作文などを学級通信に載せることがあらかじめ想定されているのであれば、年度初めに学級通信に関する保護者の同意を得ておくべきです。

　近年、スマートフォンなどで写真撮影をして、そのままインターネット上に掲載することがとても容易になっています。学級通信自体が流通することがなかったとしても、それ自体ないしその一部分を本人や保護者が撮影してインターネット上に掲載してしまうことは十分に考えられます。特に、ほかの児童・生徒の情報が写りこむ場合には、問題が生じえます。学級通信自体に、そのような行為を禁止する旨を記載しておくことで一定程度抑止できると思います。それに加えて、SLが行う保護者や児童・生徒に対しての説明会や授業を通じて、ネットリテラシーとともに個人情報保護の重要性について知ってもらう機会を作るとよいでしょう。

第4話　労務管理

　公立のA中学校は、部活動に熱心なことで有名で、配属された教職員はいずれかの部活の顧問となることが暗黙の了解となっていました。新任のB先生は、まだ校務に慣れておらず、授業準備に時間をかけたいと感じていましたが、雰囲気に負けて断りきれず、顧問を引き受けることになりました。B先生は、部活動の指導が終わったあとで、さらに授業の準備や事務処理を行わなくてはならず、帰宅は毎日深夜でした。学校側はその状況を把握していましたが、タイムカードもなく、正確な勤務時間はわかりません。数ヶ月後、B先生は過労で体調を崩してしまい、長期の休職をせざるをえない状況となりました。A中学のSLであるC弁護士は、教職員の労務管理と公務災害について、法の要請を学校現場に浸透させるべく、セミナーを開くこととしました。

I　公立学校教職員の労働と法律問題

1　労働時間・休日

　公立学校の教職員には、一部を除いて労働基準法が適用されます（地方公務員法58条3項）。その労働時間は、労働基準法32条に基づき、1日8時間、週40時間となるのが原則です。

　休日は、各自治体の勤務時間条例・規則により、一般に土

曜日及び日曜日が「週休日」とされています。

　また、労働基準法の適用があることから、校長は、部下である教職員の勤務時間外における業務の内容やその時間数を適正に把握し、労働時間を適切に管理する責務を負っています。

　労働時間の把握にあたっては、厚生労働省が「労働時間の適切な把握のために使用者が講ずべき措置に関する基準」を作成しています。これによれば、①使用者の現認による把握か、②タイムカードなどの客観的記録により確認をするかのいずれかの方法によることが原則です。これは公立学校にも適用されます。これ以外の方法（例えば自己申告制）で行う場合には、その旨について、十分な説明をしなければならないとされています。

2　時間外勤務命令

　地方公務員は一般的に、労働基準法33条3項により、「公務のために臨時の必要がある場合」に限って時間外労働及び休日労働を命じられます。

　これが教職員となると特別な法律が適用されます。いわゆる給特法です。正式名称を「公立の義務教育諸学校等の教育職員の給与等に関する特別措置法」とするこの法律の5条（によって準用される労基法33条3項）と6条1項によって、教職員の時間外勤務は、「公立の義務教育諸学校等の教育職員を正規の勤務時間を超えて勤務させる場合等の基準を定める政令」で定められる、いわゆる「超勤4項目」に従事する場合に限られることになります。

超勤4項目
① 校外実習その他生徒の実習に関する業務
② 修学旅行その他学校の行事に関する業務
③ （設置者の定めるところにより学校に置かれる）職員会議に関する業務
④ 非常災害の場合、児童又は生徒の指導に関し緊急の措置を必要とする場合その他やむを得ない場合に必要な業務

　しかも、法律上は、超勤4項目に該当する場合でも、「臨時又は緊急のやむを得ない必要があるとき」に限って時間外勤務が命じられることとされています。
　つまり、本来、労働基準法第36条に基づくいわゆる３６協定（サブロク）を結ばない限り、上記4項目に該当し、かつ「臨時又は緊急のやむを得ない必要」がなければ、時間外勤務や休日勤務を命ずることできません。"自主的"ではない時間外勤務や休日勤務は、ほとんどの場合法令違反となるわけです。
　B先生の場合、職員会議以外の通常の校務や部活動は、超勤4項目に該当しません。学校が、校務や部活動の顧問業務について、時間外勤務を命じた場合、違法です。しかし、実務的には、命令ではなく"お願い"をしただけであり、教師が"自主的"に対応をしているという建前で、教職員が日常的に時間外業務を行わざるをえないと指摘されています。

3　時間外手当・休日手当

　給特法3条2項により、教職員に時間外手当や休日手当は

支給されません。同条１項により、基本給の４％分が「教職調整額」という名のみなし手当として一律支給されているためです。

　Ｂ先生の校務や部活動がいくら長時間になったとしても、Ｂ先生に時間外手当は支給されません。"お願い"による"自主的"な時間外・休日労働をいくらしても、一切手当が支払われない仕組みとなっていることから、給特法が教師の長時間労働の温床となっているという指摘もあります。

　近年、条例により部活動に「特殊勤務手当」を支給する自治体が増えています。このこと自体は望ましい変化と言えますが、他方で手当の額は最低時給額にも満たない額であり、「労働の対価」といえる額とはいえません。

4　部活動の適切な運営の必要性

　近年、加熱する部活動のために、教職員・生徒・保護者の三者がそろって疲弊しているケースがあると指摘されています。このような状況は、「スポーツの楽しさや喜びを味わい、学校生活に豊かさをもたらす」という本来の部活動の意義にも沿わないものです。部活動の適切な運営の必要性は今後高まっていくものと思われ、スポーツ庁でも、「運動部活動の在り方に関する総合的なガイドライン」を作成しています。

　このガイドラインは、部活動の指導運営について、以下の５つの内容を持つもので、従来からの部活動のあり方を見直すにあたって、指針となるものです。

　①　適切な運営のための体制整備（教師の負担軽減、部活

動指導員の積極配置）
② 合理的かつ効率的・効果的な活動の推進のための取組（文科省作成の「運動部活動での指導のガイドライン」に則った指導、過度で無意味なトレーニングの抑制と事故防止）
③ 適切な休養日等の設定（週2日の休養日の確保、活動時間は2〜3時間）
④ 生徒のニーズを踏まえたスポーツ環境の整備（競技志向だけでなく、より多くの生徒に運動の機会を与えられるような部活動を）
⑤ 学校単位で参加する大会等の見直し（大会の日程、大会の開催数を調整し、生徒及び顧問への過度の負担の抑制）

　教職員の負担に十分に配慮した上で、部活動を運営していく必要があります。

II　私立学校・国立学校の場合

　私立学校は、公立学校と異なり給特法の適用はありません。したがって、一般企業と同様に、労働基準法に基づいた運用がされる必要があります。国立学校については、従来は公立学校と同じ扱いでしたが、国立大学が法人化され、その付属学校となったことから、給特法の適用はなく、私立学校と同様の取り扱いになると考えられます。

　以上を整理すると次の表のとおりです。

	公立学校	私立学校・国立学校
労働時間・休日	1日8時間、週40時間	1日8時間、週40時間
時間外勤務	36協定を結ばなければ、超勤4項目のみ	36協定を結ばなければ不可
時間外手当・休日手当	一律基本給の4%分	労働基準法及び就業規則に基づいて支給
部活動	学校によるが、部活動手当が支給される場合が多い	学校による

Ⅲ 学校における公務災害・労働災害と法律

　B先生は校務や部活動を原因とする長時間労働で体を壊してしまいました。公立学校における災害は、公務災害として、地方公務員災害補償法に基づき補償を受けることができます。

　また、学校設置者の義務として、労働安全衛生法により、「快適な作業環境の実現と労働条件の改善を通じて職場における労働者の安全と健康を確保する」義務が課せられています。したがって、使用者は関係法令の趣旨に基づき、教職員の安全と健康の確保のために適切な措置を講じ、疾病の発生ないしその増悪を防止すべき安全配慮義務があります。義務違反があると認められる場合は、被害を受けた教職員などから損害賠償請求を受ける可能性があります。

　A中学では、「タイムカードもなく、正確な勤務時間」すらわからない状況となっており、学校が労働時間を全く管理していなかったことがわかります。これでは、学校が教職員の安全・健康を適切に管理できていたとは言えません。教職

員自身も無理をしていることはわかっていたと思いますが、教職員から申告がなかったから大丈夫だと考えていたという学校側の言い分は通用しません。また、B先生が"自主的"に働いていたという言い分も基本的には認められません。

　教職員が自ら体調不良であることを申告しなかったとしても、学校が適切に健康管理をしていなかったとして安全配慮義務違反を認めた裁判例もあります。A中学の場合、学校が安全配慮義務違反による損害賠償責任を負う可能性が高いといえるでしょう。

Ⅳ　SLの活動

1　教職員の労務問題に対する法的観点の提供（未然防止）

　近年、学校教職員の労働環境の悪化が指摘されています。労働時間管理が不十分、上記超勤4項目に基づかない残業が常態化している、部活動の顧問となることが義務化しているなど、法令やガイドラインとの乖離がはなはだしく、法の支配が及んでいないと指摘されています。

　児童・生徒に法律の遵守を伝えるべき立場である教職員の労働環境が法律に適合していない状況は非常に問題です。他の組織、とりわけ企業の労働問題に対応した経験を持つSLからすると異常な環境というほかなく、早急に改善を図る必要があります。

　もちろん、教職員が教育という特徴のある業務に従事していることは、十分に理解しなければなりません。突発的な事態への対応や、児童・生徒一人ひとりにきめ細やかな対応が必要であることを考えれば、杓子定規な運用は有害です。し

かし、校務や部活動といったいわば日常的な業務によって長時間労働が常態化していては、突発的な事態が生じても対応できません。バッファが不可欠です。

　SLが関わることで、最新の法令・ガイドラインに適合する学校の仕組みづくりを考えたり、時間管理のための規則の作成など、具体的な改善案を提案していくことが可能となります。また、教職員対象の研修を行うことにより、労働者として持つべき知識の習得してもらうことも考えられます。

2　公務災害・労働災害が発生した場合の対応

　公立学校・国立大学附属学校・私立学校を問わず、労働安全衛生法は適用されますし、安全配慮義務が課されています。したがって、教職員の健康管理に関する措置や体制の整備を行うことは学校の義務です。

　公務災害・労働災害が発生した場合は、損害賠償の請求を受けることがあり得ます。その際争点となるのは、未然に防ぐ体制をいかに整えていたかです。

　SLは、法令や過去の事例、自らの経験から、適切な対応策についてアドバイスを行うことが可能です。必要があれば、専門家と連携の上で、健康管理体制の抜本的見直しも行うことも考えられます。

3　労使関係と利益相反の問題

　労務管理は、多くの場合、教職員と学校（設置者）に対立関係が生じます。SLは「場の法律家」であって、学校（設置者）側の代理人でも、教職員側の代理人でもないことから、

どちらか一方に与することは利益相反の危険があります。

　しかし、労働環境の悪化を放置することは、SLの理念と反します。労働環境の改善は、学校側・教職員側いずれにとっても解決すべき課題です。SLとしては、利益相反に細心の注意を払いながら、例えば教職員の意見を踏まえて、学校設置者に対し、労働環境の問題点を指摘する、法令に即した労務管理体制の構築を提案するといった形で改善を求めていくことも考えられます。それ以上の対応（例えば法的措置の代理人）を行うことは、利益相反となると考えられ、避けるべきですが、他の弁護士を紹介するなどの対応も考えられるところです。

　この点は、ハラスメントに関する相談なども同様です。個別のセクハラ・パワハラの相談を受け、代理人となることはできませんが、他方でハラスメントが生じにくい体制の構築を提案する、調査に当たって気をつけるべきことをアドバイスするなど、SLとしてなしうる活動はたくさんあります（なお、セクシャルハラスメントに関しては本章第8話参照）。

　SLにとって利益相反は常に気をつけるべき最重要課題です。労務管理はこの点がシビアに現れますが、他方で現場で常態化しがちな法令違反です。「場の法律家」として、法令が適切に遵守されるよう、もっとも活躍が求められるフィールドの1つです。

第5話　外部者との契約交渉

> 　A高校では、下校する生徒がコンビニに寄り道して騒いだり、野球部が夜遅くまでグラウンドの照明をつけることについて、近隣からクレームが寄せられていました。一方で、生徒からは寄り道の一律禁止はありえないとか、試合前などは夜間まで練習をしたいという希望が出ていました。
> 　SLのB弁護士は、対策に乗り出すことにしました。

I　様々な学校の「契約」

　事例を見て、これも契約交渉なのかと驚いた人もいるかもしれません。「契約」と聞くと業者と取り交わす「契約書」など、特別なものと考えられがちです。名称は「協定」、「協約」など様々なものがありますが、法的に効力を有する「誰かとの決め事・約束事」は、広く「契約」と呼ぶことができます。

　「契約」は身近にあふれています。とりわけ学校は、多くの人が様々な形で関わりあう場所ですから、様々な種類の契約が想定されます。「学校と外部との契約」に絞った大まかなものだけでも、次のようなものが挙げられます。

　① 　学校の施設に関するもの
　　校舎の建て替えや修繕、音響など各種機材の購入・設置、

耐震工事や防災備蓄用の施設の新設など
② 外部サービスの利用
　清掃会社、警備会社、自動販売機、売店、その他販売業者との契約
③ 学校備品に関するもの
　文房具、体育用具などの消耗品、新入生向けの教材、制服の販売など
④ 学校行事に関するもの
　修学旅行・部活合宿の旅行会社・宿泊先との契約、文化祭や学校のパンフレットの外注、進路・受験関係の業者や、その他外部の講演依頼に関する契約など
⑤ 地域住民との取り決め
　想定事例のような、通学路、登下校に関するルール決め、照明やチャイムなどの騒音に関する近隣住民との取り決めなど
⑥ 警察・消防との連携
　公道を走るマラソン大会の運営、児童・生徒が事件を起こしたり、事件に巻き込まれた場合の対応など

　それぞれ、学校に不測のリーガルリスクが生じないよう、適切にコントロールする必要があります。契約書の作成、チェックをはじめとする契約交渉は、SLが最も力を発揮できる分野の1つです。

Ⅱ　SLにできること

1　「正確・適切な表現」が最大のトラブル予防策

　契約書は、当事者間の最終的な約束の内容を文章で明らかにしたものです。後のトラブルを回避するために、契約相手に何を求めることができ、自分が何をしなければならないのかを正確に把握し、これらの点を正確・適切な文言で表現することが重要です。この点のすり合わせが不十分に終わると、相互の認識のズレに気付かないまま締結してしまい、後々トラブルが生じかねません。契約の際にその内容を丁寧に検討し、文言を調整することは、実は最大のトラブル予防策なのです。

2　「よくわからない」はトラブルの火種

　「契約書」というと格式ばった法律用語が使われるイメージがあるかもしれません。しかし、契約は当事者間の約束事ですから、「当事者自身が読んでわかりやすく、かつ、一義的な言葉遣いになっている」ことが何より重要です。

　弁護士などの専門家を通さずに、インターネットにあふれるひな形を切り貼りして作ってしまうと、肝心の内容面がわかりづらくなります。最悪の場合には、合意したい本来の内容と違う効果をもたらすことすらあります。

　契約書の文言や書き方には細心の注意を払わなければなりません。

3　学校の希望を契約内容に盛り込む

　契約相手から提案された契約書には、当然ながら相手側に有利な内容が様々な形で盛り込まれています。その提案を鵜呑みにするのではなく、学校が過度の負担を負わないようにするなど、希望を反映して契約内容を調整していく必要があります。弁護士は契約書のレビューを日常的に行なっていますので、知識と経験を踏まえて適切な提案をすることができます。

4　トラブルを先読みし、対策も盛り込む

　契約内容には、「トラブルがあった場合の対処」なども盛り込まれます。これは、将来の被害の拡大を防ぐ上でとても重要です。
　SLは専門的な知識と経験を元に、「どういったトラブルが想定できるか」「想定されるトラブルに対してどういった対処が考えられるか」といった点を予測し、適切な内容を契約書に盛り込むことができます。

5　法的リスクを洗い出す

　SLは「場の法律家」として、トラブルが起こる前から身近に、気軽に関わることができるのが特徴です。これは、トラブルが生じた際に法律相談をする「顧問型」と異なる点です。
　SLには、企業のジェネラルカウンセルのように、学校の法的リスクを把握し、総合的な判断を下すことが求められます。原則として外部ととりかわす契約書はすべて確認してリ

スクを洗い出し、場合によっては修正条項を策定して先方と交渉するべきです。また、フットワークの軽さを生かして、必要に応じて実際に外部に出向いて直接交渉するなど、柔軟な関わり方も期待されます。

Ⅲ　事例の場合

1　手続きの大枠について書面化を目指す

　今回の事例で悩ましいのは、一体誰を相手に取り決めをすべきか、ということです。一見すると、下校の件は最寄駅までの登下校ルート周辺の住民や商店、照明の件は照明の光を受ける範囲の住民になりそうです。

　しかし、この問題の本質は学校と周囲のコミュニティとの円滑な関係です。今回、下校の問題や照明の問題について個別に解決しても、次はサッカー部のマラソンコースの周辺住民、今度は立ち読み被害に悩む商店街の本屋など、対象は広がり、抜本的な解決にはなりません。また、細かすぎる取り決めを結ぼうとすると、反対する人も出てくるため収集がつかなくなります。重要なことは、広く周辺の住民・商店との間で緩やかな取り決めを作ることです。苦情の窓口や、問題が発生した際の話しあいの手順を定め、具体的な問題についてはその都度大まかなルールを話しあうことで対応します。手続きの大枠について合意内容を書面で定めることにより具体的な問題の調整がスムーズに進む可能性が高まります。

　交渉相手としては、学校の先生や保護者の協力を得ながら、周囲の町内会や商店街など、まとまりのあるコミュニティと連絡を取り、それぞれに交渉窓口・連絡先を確定することが

考えられます。手続きの大枠について書面化することができれば、個別の問題の解決はその手続きに即して進めることとなります。

2　具体的な交渉に先立っての準備

　交渉に入る前に、ルール決めの前提となる「既にあるルール」を確認します。地域の条例や、既にある学校の規則などです。もし「既にあるルール」の違反により苦情を受けているのであれば、校内での周知徹底や保護者への説明などが必要となります。

　既にあるルールがない場合には、具体的交渉に先立って、学校側の希望を聴き取ります。

　この際には、児童・生徒たちや各クラブの意見を可能な限り反映することが望まれます。登下校については、部活や委員会終わりの実際の下校開始時間が参考になりますし、照明については、運動部の大会直前など、部活を延長したい時期が参考になるでしょう。ただ、やみくもに下校時間や照明の点灯時間を遅くする希望を伝えても、交渉が成立する見込みが低くなるだけです。生徒たちの希望を叶える必要十分な範囲はどこか、ルールへの落とし込み方を考えながら聞き取りができる弁護士が主体的に聞き取りに参加することが期待されます。

3　意見集約を依頼する

　こちらの希望・案が決まれば、各コミュニティの窓口へ連絡を取ります。各窓口を通じて代表者に協議を希望するテー

マを伝え、コミュニティにおけるある程度の意見集約を依頼することが重要です。

4　必要に応じて説明会を

　各コミュニティの意見がある程度集約した段階で、代表者と打ち合わせをして、解決策を見出すことが期待されます。意見集約に際して、コミュニティ内で「細かい経緯を知りたい」「質問がしたい」という声が大きいようであれば、説明会を行うことも考えられます。説明会を学校で開くことで、学校の実情を理解していただくことも可能になります。もちろん、場合によってはSLをはじめとする学校の担当者が適宜の場所に伺い説明することも考えられます。

5　ルール違反について罰則は設けない方向で交渉を

　学校とコミュニティとの間の取り決めは、教育的配慮から罰則を設けることは現実的ではありません。また、一方的に学校が協約を取り決め、児童・生徒に押し付けた場合、相当な反発が予想されます。教育機関として、児童・生徒が納得できないものを締結することは望ましくありません。

　違反を見かけた場合については学校に連絡をしてもらい、学校は、その後の対応について連絡をした方に報告をするといった形にするなど、緩やかな取り決めを目指すべきです。その際には、学校の業務負担との兼ね合いを考え、個別対応よりもメリットがあるように、バランスを取る必要があります。

6　取り決めの周知方法も取り決める

　最後に、定めた取り決めの周知に関する取り決めにも配慮が必要です。町会であれば回覧板や町内の掲示板、地域の区報のような定期的な配布物に掲載をお願いするといった方法が考えられます。学校内では、一方的に伝えるのではなく、児童・生徒主導で児童・生徒に対する説明会を開くといった方法が考えられます。

7　SLを活用して対話を実現する

　以上のように、事例のようなコミュニティとの調整1つとっても法的な視点を導入することで双方にメリットのある解決を実現できる可能性が高まります。様々な外部との契約交渉の場面において、SLを活用することが望まれます。

第6話　保護者対応

　A小学校のB先生は、3年生の担任でした。クラスに在籍するCの両親Dらは、事実と異なるにも関わらず、B先生がCの計算テストの正しかった解答を消してわざと不正解にしたと思い込み、B先生に連日電話をかけて、「最低の先生だと思っています」、「悪魔のような先生ですね」などの苦情を言い続けました。

　また、A小学校では、保護者と学級担任の間で連絡事項の共有のために連絡帳が使用されていましたが、Dらは連絡帳にも連日のようにB先生に対する苦情を記載し続けました。加えてDらは、他の保護者にも「Bは正解だった回答を消して不正解の回答を書き込みバツをつけた」などと言い触らしました。B先生は、Dらの苦情に対して一人で対応し続けましたが、解決することができませんでした。

I　保護者対応の法律問題

　近年、学校において、保護者からの過度な苦情の申入れが問題となっています。多くの申し入れは適切な提言ですが、ときに、勘違いや思い込みに基づくもの、学校に過剰な謝罪や補償を求めるものなど、社会的に相当な範囲を超える苦情もあります。特に、学級担任が一人でこのような苦情を抱え込むと、適切な対応ができず大きなストレスとなり、授業な

どの日常業務に支障をきたす恐れも生じます。このような過度な苦情に対して、学校はどのように対応すべきでしょうか。

Ⅱ 望ましい学校の対応

　不相当な苦情と適切な提言をはじめから区別することは簡単ではありません。全てを不相当な苦情として扱い、適切な提言をないがしろにしていては、むしろ保護者の憤りや不満を強め、不要な対立を招きかねません。以後の対応を誤らないためにも初期対応が極めて重要です。

　そのためには、保護者からの意見を学校全体で組織的に対処することが必要です。学級担任などの教職員が一人だけで対応すると、提言に対する冷静なやりとりを超えて、感情的なしこりが生じてしまうことがあります。小さな行き違いが大きくなり、保護者としても個人的な感情を爆発させやすくなります。

　また、問題が大きくなってから管理職が把握することとなると、早期解決を逸します。保護者からの意見を即座に管理職に報告するなど、学校全体で対応できるシステムを構築する必要があります。学校という組織全体で、担当教職員をフォローすることが重要です。

　システム構築にとって重要な点は、できる限り早期に、保護者が求めているものの本質を見極めることです。学校運営の適正化や担任教職員の公正な学級運営なのか、それとも自分の子どものえこひいきを求めるものや過度な謝罪や補償を求めるものなのか。この見きわめのためには、前提事実の把握が鍵となります。担当教職員をはじめとする関係教職員、

提言をする保護者から聴き取りを行うなどして、関連する事実について調査を行う必要があります。もちろん全ての提言に詳細な事実調査をすることはできません。そのためにも、教職員間における情報共有が肝心です。少なくとも、保護者からの意見を一律で管理し、解決・鎮静化までに保護者と担当教職員とのやりとりが一往復を超える場合には窓口を管理職が引き取るなど、組織的な対応が必要です。

　適切な提言であるにも関わらず、担当教職員の誤解や感情的なもつれによって解決までに時間がかかっていることが判明した場合、学校は、組織として改善の措置を検討・実行し、その経緯を説明することが必要です。他方、不合理な苦情に対しては、毅然とした対応が重要です。調査の結果、事実誤認があると考えられること、これ以上のやりとりは応じられないこと、要求は受け入れられないことなどを伝える必要があります。ここでも重要なことは、組織的な対応です。担当教職員はあえてやりとりには参加させず、管理職が窓口となることが必要です。

Ⅲ　SLにできること

1　前提としての利益相反の悩ましさ

　利益相反の観点から、SLが保護者から直接事情を聴き取ったり、学校と保護者の交渉に立ち会うことは、避けるべきと考えられます。また、事例のようなトラブルが生じた際、相当の教職員に直接対応をアドバイスすることも避けたほうがよいと思われます。

　極めて悩ましいところですが、あくまで「場の法律家」と

して健全な教育現場の構築という限度で、事実の見立てや解決の指針を管理職にアドバイスできるにとどまると考えられます。以上を踏まえ SL にできることを具体的に整理します。

2　苦情に対応するためのシステムの構築
(1)　想定されるシステムの内容

　上記のとおり、学校全体で早期に苦情の存在を把握し対応するとともに、苦情を受けた教職員をフォローするシステムを構築することで、大きな苦情に発展させないことが重要です。具体的には、提言に関する情報共有システムの構築と、対応スキームの策定です。

　まず、教職員が、保護者から苦情を受けた場合に情報を学校全体で共有できるよう、苦情を受けた事実をまず誰に報告するかなどのルールを SL が主体となって作成します。

　次に、学校全体で共有した苦情に対し、組織としてどのように対処するかについて SL が中心になりルールをつくります。情報の共有や具体的な対応について、SL がどこまで関与できるようにするかは悩ましい問題です。「場の法律家」であることを忘れず環境の改善という視点で関わる限度を定めることが重要です。具体的な保護者とのやりとりは、苦情を受けた教員だけではなく学校全体で対応し、苦情を受けた教職員を学校という組織全体でフォローします。

(2)　内部の対応

　Ａ小学校において、教職員が保護者から苦情を受けた場合には管理職 X に報告するというルールを事前に決めていた場合、これにより B 先生は D らから苦情を受けた際、管

理職Xに報告することとなり、A小学校全体で苦情の事実を把握することができます。

　管理職Xは、SLに対して、B先生がDらから苦情を受けたことについて伝えることは許されるでしょう。聴き取り事実を踏まえて、Xとともに、今後Dらとのやり取りをB先生が継続すべきか、B先生以外の教職員がやり取りを行うべきかなど、今後の対応について協議をします。

　Dらは、B先生がCの計算テストの解答を消して不正解にしたと苦情を述べていますが、事実であれば教育者として極めて問題のある行動です。常識的には考えがたいこととはいえ、法律家として、冷静に証拠に基づいて判断することが重要です。証拠によって、苦情が事実誤認に基づくと考えられる場合には、次に、なぜDらがそのような思い違いをしたかを検証します。以前からDらとB先生の間、あるいはCとB先生との間に感情的な対立がある場合には、その事情も併せて聴き取ります。

　他方で、Dらが「最低の先生」「悪魔のような先生」という強い表現を用いているため、B先生のストレスは強いものと考えられます。聴き取りの際には十分配慮することが重要です。

　以上を踏まえて、今後大きな苦情に発展する恐れがあり、B先生の精神的負担が大きい場合には、今後B先生が直接Dらとやり取りをすることは避け、Xら他の教職員がDらとやり取りをすることを方針として立てるのが良いでしょう。

　また、B先生には、連絡帳に苦情が記載された際には逐一管理職Xに報告をしてもらうこととし、学校全体でフォロ

ーしていくことを明確にＢ先生に対して伝えます。このように苦情を受けた教職員を組織としてフォローする体制は極めて重要です。

(3) Ｄらへの対応

内部の事実調査を踏まえて、必要に応じて、Ｘなどの責任者がＤらと面談します。ここでは、事実認定を確定するために、Ｄらの言い分を聴き取ることに注力するべきです。

Ｄらから具体的な証拠が提示されず、事実誤認であると判断できる場合には、Ｂ先生を保護するために、Ｄらに対して毅然とした対応をとることとなります。

まず、Ｘまたは学校長の名義で、連絡帳の記載や他の保護者への虚偽の事実の流布をやめるよう求めます。

それでもＤらがやめない場合には、名誉毀損に基づく民事・刑事の対応も検討することとなります。名誉毀損とは、ある人にとって真実でない事実を「公然」と広めることで「社会的評価」を低下させる行為をいいます。教職員が生徒の正答を消して不正解にするなどということは、職務上許されないものであることは明らかで、教職員が、故意に職務上許されない行為をしたと吹聴することは、裁判例などでも教職員の社会的評価を低下させるものとされています。連絡帳の記載だけでは「公然」とはいえないと思われますが、他の保護者に言い触らす行為は「公然」と名誉を毀損するものにほかなりません。

以上から、少なくとも他の保護者に言いふらす行為については、ＳＬのアドバイスのもと、毅然とした法的対応をとることも考えられます。その際は、Ｃの教育を受ける権利の保

障に通常以上の配慮が必要です。Dらの問題行動のツケを、Cに負わせることだけはしてはなりません。保護者対応にあたっては、この点を強く意識する必要があります。

なお、「場の法律家」であるSLが、いずれかの代理人となることは利益相反の点から許されません。正式に裁判などの法的対応を採る際には、外部の弁護士に依頼する必要があります。

(4) 終わりに

適切な保護者対応のためには、正確な事実認定が不可欠です。事実認定の肝は、証拠評価です。もちろん、限られた時間の中で集められる証拠には限界がありますし、事実認定に誤りが生じることも避けられません。しかし、裁判実務を経験し、証拠評価の訓練を重ねたSLが何らかの形で関与することで、最低限、客観性・公平性に配慮した事実認定が実現できます。

可能な限り適切な事実認定に基づき対応を決めることで、保護者・教職員のみならず、児童・生徒にとっても納得感のある決着が期待されます。また、事実認定のスキームを組織的に運営することで、教職員の負担も大幅に軽減されます。

保護者対応は、教職員の負担軽減と保護者の納得感のために、SLがもっとも威力を発揮する場面です。SLとしても、委嘱を受けて最初にじっくりと取り組むべき課題と言えるでしょう。

第7話　ブラック部活・体罰

　　AはB中学に入学し、野球部に入部しました。野球部では、1年生は毎日ボール磨きと10kmの走り込みをするよう顧問のC先生から指示を受けていました。ひと月ほど頑張りましたが、次第にAは部活を辞めたいと思うようになりました。しかし、上級生が怖いのと、部活を辞めることが内申にも影響するのではないかと思い、退部を言い出せませんでした。
　　C先生は3年生に対し、日常的に、「1年にたるんだ行動があったら、3年のお前達が罰メニューをさせろ」と指導していました。
　　炎天下のある日、部内で対抗試合が行われました。1年生は直前まで10キロの走り込みをこなしていたため、全員が試合開始予定時間に遅刻してグラウンドにやってきました。試合終了後、C先生は職員室に引き上げましたが、Dら3年生部員は20分にわたりAら1年生を怒鳴り続けた後、遅刻の罰として、1年生全員に100本ノックと10kmの走り込みを指示しました。
　　走り込みの途中で何人かが吐き気とめまいを覚え、保健室に運ばれました。Aは何とか指示された内容を終え帰宅しましたが、翌日からの部活のことを考えると腹痛がするようになりました。

I　ブラック部活の特徴

　ブラック部活とは、一言で言えば理不尽な部活です。入部強制・暴言・暴力・体調を崩すほどの長時間の拘束などが特徴です。顧問教員や指導員のほか、上級生など他の部員による被害も報告されています。

　部活では、多くの関係者が「強くなるためにはこれ位のことは乗り越えて当然だ」という意識を抱きがちです。また、乗り越えなければ、レギュラーから外されてしまう、内申点に影響が出るかもしれない、スポーツ推薦を得られなくなるなどといった気持ちから、被害者が理不尽な対応を正当化する場合もあります。

　しかし、部活は学校教育の一環です。学校には児童・生徒の安全に配慮する義務があります。部活によって児童・生徒に被害が生じた場合、①被害の予見可能性があったか、②予見に基づく結果回避義務が果たされたかという枠組みで学校の責任の有無が判断されます。

II　ブラック部活の法律問題

1　学校の法的責任

　本章の第1話で整理したとおり、児童・生徒に被害が生じた場合、学校の種類によって、損害賠償責任を規律する法令が異なります。

　また、教職員個人には業務上過失致傷罪といった刑事罰のほか、地方公務員法29条に基づく行政罰も定められており、教育委員会での審議を経由して懲戒、戒告などの処分が下さ

れます。

　顧問のCに課せられる注意義務は、主に今回のような追加トレーニングにより部員が体調を崩すことを予見できるか、回避できたかといった視点から検討されます。10kmの走り込みに加え、試合後に更なる過酷な追加トレーニングをすれば、中学生が疲労と熱中症により体調を崩す可能性があることは、教職員を初めとする大人であれば容易に予測可能できます。また、追加トレーニングの指示を上級生に委ねた上、懲罰的な指導を推奨していたと評価される可能性もあります。回避可能性も十分に認められ、不法行為・債務不履行責任が肯定される可能性が高いと思われます。

　他方、学校独自の義務に関しては、事前の安全配慮義務、事後の調査報告義務を十分果たしたかといった視点から検討されます。部活において違法な指導が行われないよう監督するシステムを構築していたか、各部活における運用を適切に把握していたかなど、厳しく問われることとなります。また、問題が発覚した後に、適切に事実を調査し、関係者に報告することも求められるでしょう。

2　加害部員の責任

　Dらの不法行為責任を検討する際、未成年者であることが問題となりますが、だいたい12歳前後が責任能力（民法712条）を有するか否かの限界線とされており、通常中学3年生であれば直接損害賠償責任が問われます。

　未成年者は資力を有さないことが多いので、保護者に対する責任追及が可能となるかも問題となります。保護者の義務

違反と未成年者の不法行為に因果関係が認められれば、保護者本人の義務違反として保護者に対しても賠償請求が問えるものの（民法 709 条）、部活の場面で保護者の監督責任を問えるケースは多くないものと考えられます。なお、小学校低学年などで生徒の責任能力が認められない場合には、（民法 712 条・714 条によって）保護者が監督義務者として責任を問われます。

また加害の程度によっては、児童・生徒が刑事上の傷害罪（210 条）に問われる可能性もあります。

3　体罰該当性

教員は生徒に対し「懲戒」を加えることはできますが、「体罰」を加えることはできません（学校教育法 11 条）。体罰は例外なく違法として禁止されています。また、体罰に当たらないとしても、懲戒に際しては「児童等の心身の発達に応ずる等教育上必要な配慮」をしなければなりません（学校教育法施行規則 26 条）。

判例・文部科学省通達は有形力の行使であっても直ちに「体罰」に該当するとは判断せずに、目的、態様、継続時間など、諸般の事情を総合して、事案に応じて個別具体的に「体罰」に該当するかを判断しています。

文科省の「部活動指導に関するガイドライン」では、「社会通念、医・科学に基づいた健康管理、安全確保の点から認め難い又は限度を超えたような肉体的、精神的負荷を課す」ことは体罰などとして許されないものとされています。

Ｃに関しては、日頃から 1 年生に追加トレーニングを課すよう 3 年生に指示しており、Ｄらの命じた追加トレーニング

指示はCが行ったものと同視されると考えられます。個別の事情として、そもそも罰のきっかけとされた遅刻の理由は指示された走り込みを行っていたためであること、炎天下という環境、中学生1年生という年齢、内容自体の過酷さ、長時間を要するものであることなどの事情を考慮すると、体罰と評価される可能性は十分にあります。

Ⅲ　判断の難しさとSLの活用

1　伝統と責任の狭間

　ブラック部活や体罰に関する問題意識は、古くから厳しい指導方針で成果を上げてきた強豪校や、体罰や懲罰が当たり前だった時代を経てきた経験者からは、「ぬるい」ものとして受け入れられない考え方かもしれません。児童・生徒自身の成長欲求と対立する場面も生じ得ます。しかしながらブレーキのかかりにくい分野であるからこそ、社会や大人が都度上限を見定め、ルールを設定する必要があります。

　とはいえ、判例上も教職員・学校側の責任が肯定されるか否かが具体的事情によって分かれており、法的知識のない内部者にも、内部の人間関係を知らない外部者にも見通しを立てることが難しい類型だといえます。また場合によってはマスコミ対応を含めた緊急対応が必要となることから、高い人権感覚を持ち、各部活の人間関係やより良いガバナンスのあり方を熟知している法専門家の活用が望まれます。

2　SLの活用

　SLは、単に法的判断を行うだけでなく、日頃から学校内部

の状況を把握することができる利点を生かし、被害発生の防止や先を見通した迅速な対策をとることが期待されます。事件を未然に防ぐべく、伝統に名を借りたブラック部活・体罰などには、体質の改善を目指した法的なアドバイスが不可欠です。

　また、事件が生じた際には、利益相反の危険に留意しつつ、事情調査の方針や注意点などについてアドバイスを行うとともに再発防止策の検討に寄与することが期待されます。SLの適切な活動により、学校への生徒及び保護者の間の疑心を払拭し、紛争の拡大防止に資する可能性があると考えられます。

3　残された問題：教職員の部活動指導負担

　多くの教職員は教科指導のほか、休日も含む部活動指導を任されており、立会い・指導・外部監督の行動把握の全てを顧問教員が担うことは現実問題として難しいと言えます。

　裁判所の中には特段の事情がない限り、部活動顧問は「個々の活動に常時立会し、監視指導すべき義務」を負わないとして、生徒間の紛争による失明の結果について部活動顧問の法的責任を限定したものもあります。

　しかしながら、他方で、指導教職員が練習に立ち会い、状況を十分監視していれば、事故が発生せずにすんだ蓋然性がきわめて高いとし、指導教職員の怠慢は部員の加害行為と共同不法行為を構成するとした裁判例もあり、事案によっては、教職員に厳しい判断が下される場合もあります。

　有識者が指摘する通り、教科指導担当と部活顧問を別に雇用する、1つの部活に顧問教員を複数配置するなどの配慮が求められるといえるでしょう。

第8話　セクシャルハラスメント

> **事例1**
> 　A中学3年B組の担任C先生は、女子生徒のスカートの丈が校則に違反していないか、よく観察して違反者は注意するようにしていました。たまたま自分のクラスの生徒たちと廊下ですれ違った際に、女子生徒Dのスカートが少し短めだったことを見咎め、「おい、スカート短くないか。そんなムチムチした太もも出してたら、変な目で見られて危ないだろう。スカートは長くして、脚は細くしろよ」と声をかけました。Dは、「別にいいじゃん」とへらへら笑いながら通り過ぎました。

I　セクハラの法律問題

1　セクハラの定義

　一般にセクシャルハラスメント（セクハラ）とは、相手の意思に反して、不快感を与えたり不安な状態に追いこんだりする性的な言動のことをいいます。
　学校におけるセクハラについては、「職員が他の職員、学生等及び関係者を不快にさせる性的な言動並びに学生等及び関係者が職員を不快にさせる性的な言動」（平成11年文部省訓令第4号）という定義が用いられます。
　「性的な言動」とは、性的な関心や欲求に基づく言動をいい、例えば、性別により役割を分担すべきとする意識に基づく言

動や、「女のくせに／男のくせに」といったジェンダーに関する言動も含まれます。同性間で行われるものも含まれますし、被害者の性的指向・性自認にかかわりません。「被害者は女性、加害者は男性」というパターンのみがセクハラではありません。

2　セクハラの2つの類型

　男女雇用機会均等法などにより、セクハラは2つの類型に整理されています。「対価型セクハラ」と「環境型セクハラ」です。

　対価型セクハラは、職場において行われる性的な言動に対する労働者の対応により当該労働者がその労働条件につき不利益を受けるものです。例えば、査定をする上司から仕事と関係なく一対一で食事に誘われたり、上司から性交渉を持ちかけられ断ったところ、降格された場合などがあたります。

　環境型セクハラとは、当該性的な言動により労働者の就業環境が害されるものです。他の教職員がいる職員室で風俗の体験談を話す、職場でアダルト動画を見る場合などがあたります。

3　児童・生徒間の"セクハラ"は？

　一般に、児童・生徒間の性的な嫌がらせは、法令上はセクハラにあたらず、いじめの一部と捉えられます。もちろん、セクハラであれいじめであれ、要件を満たす場合に加害者が法的責任を問われることに変わりはありません。

　他方、児童・生徒間でセクハラのようないじめが横行して

いる場合、環境型セクハラとして学校の管理責任が問われることも考えられます。児童・生徒間のセクハラは、いじめ問題としてのみならず、セクハラを防止する学校の管理責任の1つとして取り上げることが重要です。

4　教職員と児童・生徒の間にもセクハラはある

　教職員と生徒は労働関係にありません。直接的な契約関係にもありません。とはいえセクハラが観念できないわけではないことには注意が必要です。

　教職員から特定の生徒に対するセクハラは、対価型セクハラと構造が類似しています。生徒は、学校生活において事実上の不利益が課されることだけでなく、意識的・無意識的を問わず、内申や成績において不利益な扱いがなされるのではないかと感じてしまいます。セクハラに限らず教職員に逆らうことで、不利益な扱いを本人が受けたり、他の児童・生徒が不利益な扱いを受けた様子を見たことがあればなおさらです。特に、部活では、顧問がレギュラーメンバーの構成権を一手に握っている場合もあることなどから、しばしば主従関係にも似た関係が築かれてしまっていることがあります。

　また、児童・生徒が明確に拒絶する態度を示さないことをセクハラではないことの理由にはできません。児童・生徒は教職員のいうことを正しいと思う傾向があるため、嫌な思いをしたとしても、そう思う自分がいけないと、嫌だった気持ちを押さえ込んでしまうこともあります。低学年の児童であれば、セクハラを受けながら、自分に対してなされた言動の意味を理解していない可能性も考慮しなければなりません。

さらに、教職員から「内緒だよ」などと口止めされたことで、被害を申告できない事案も存在します。

児童・生徒が教職員に拒絶の態度を示すことは難しいということを念頭に置き、セクハラにあたらないかを意識的に検討しなければなりません。教職員側が気をつけなければ、知らず知らずのうちに子どもの尊厳を傷付けることになりえます。

加害者は「冗談のつもりだった」、「コミュニケーションの一種だった」、「これくらいで騒いでいては社会でやっていけない」などと捉えがちですが、被害者に取り返しのつかないダメージを与える場合も少なくありません。児童・生徒が安心して教育を受けられるよう、適切な対応が求められます。

5　法的責任

加害者の教職員の法的責任としては、刑事責任、民事責任、懲戒処分があります。

(1)　刑事事件

内申書に悪く書かれることを恐れて被害を受けた児童・生徒が頭や肩を触られても拒否せずにいたところ、加害者の行為がどんどんエスカレートして胸や陰部を触られるようになった場合など、悪質な対価型セクハラは、児童福祉法違反や強制わいせつ罪といった刑事罰を課される場合があります。この際、教職員から、「拒否されなかった」、「同意があると思った」といった言い訳がなされることがあります。しかし、上下関係を前提とした対価状況にあること、被害者未成年であることなどを踏まえると、児童・生徒の真摯な性的同意を

安易に認定することはできません。なお、そもそも13歳未満については性的同意能力がなく、刑法上、同意があっても強制性交等罪（旧強姦罪）やわいせつ罪といった性犯罪となります。また、18歳未満の場合にも、児童福祉法や各自治体の青少年保護育成条例違反となる可能性があります。なお、教職員が刑事事件として立件された場合、SLや学校の顧問弁護士は、利益相反の観点から弁護人に就任することはできません。

(2) 民事事件

被害生徒から、不法行為を理由として損害賠償請求を受けることがあります。訴訟に発展したケースも少なくありません。

学校法人や学校設置者である国または地方公共団体が責任を問われる可能性も否定できません。

なお、民事事件においても、SLがいずれかの代理人として事件を受任することは利益相反の観点から避ける必要があります。

(3) 懲戒

事実関係を正確に把握し、セクハラの事実が認定された場合、学校は加害者の教職員に対し懲戒処分をするか否か、する場合にはどの処分にすべきかを検討することとなります。

私立学校であれば懲戒規程に基づき、国公立学校であれば地方公務員法又は国家公務員法に基づき懲戒処分がなされます。この観点から私立学校は懲戒規程にはセクハラに関する規定を明記しておく必要があります。学校は、懲戒処分をするにあたり、十分な事実調査と事実認定をしなければなりま

せん。たとえ被害者、特に保護者の訴えが強硬で、対応の負担が大きい場合であっても、その理由だけをもって安易に懲戒処分することは許されないため注意が必要です。

逆に、ひとたび「セクハラがあった」と事実認定をした場合は、うやむやにして懲戒しないという対応は禁物です。うやむやな対応は被害者をさらに傷つけ二次被害をもたらします。また加害者に自信を抱かせ、さらなる被害が生じる可能性を高めます。事案に即した公正で適切な懲戒は、教職員、児童・生徒、保護者など全ての関係者にとって大切です。

Ⅱ　事例の検討

1　セクハラにあたるか

Cの言動はセクハラにあたると考えられます。対価型セクハラと環境型セクハラの両方に該当しうる行為です。スカートの丈を校則で定めること自体、別途議論のあるところですが、校則違反を注意するにあたって、このような言い方は不適切です。

まず、Cの発言は、たとえDを心配する気持ちから出たものであっても「短いスカートをはく女子生徒は痴漢や性被害に遭っても仕方がない」「被害者に落ち度がある以上、痴漢や性犯罪に巻き込まれる方が悪い」という誤った規範を児童・生徒に与えてしまうおそれがあります。教育現場においては、むしろ自分の性的自己決定権や身体的自由が大切であることを教えることが望まれます。

他方Cの発言はDを心配してのことである、Dは「へらへら」していたからそれほど深刻ではないなどと考えられて

しまう場合があります。しかし、「太いから脚を細くすべき」という発言は、そもそも身体的特徴を指摘している点で不適切です。また、「ムチムチした太もも」という表現は教職員自身が性的な視点で女子生徒の太ももを見ているとも受け取られる可能性が高く、Dの立場に立てばCが自分を心配してくれたとは思えないでしょう。

　また、「へらへら」しているからといって、Dの本心から出た対応だとは限りません。教職員と生徒との間には上下関係があります。大人であり、成績認定者である担任教師に対し、正面から「嫌だ」と言うことは困難です。また、数人が一緒にいる場で、自分にだけ言われたことで、抗議しにくい雰囲気になった可能性もあります。その時はあまり気にしていなかったとしても、後になってとても嫌だったことに気づくこともあります。加えて、Dが「へらへら」したことをもって、Cの言動を受け入れたことにしてしまうと、「へらへら」しない児童・生徒、これを受け入れない児童・生徒は、他の人が気にしていないコミュニケーションを大ごとにする、面倒な存在と否定的に捉えられる土壌が作られかねません。性的な言動を軽くかわすことが良い女性だという価値観を押し付けることとなりかねません。

　さらに、教職員が特定の生徒に対し、性的な発言をしたことは、周りの生徒たちに対する環境型セクハラに該当します。

2　教職員と児童・生徒との自由恋愛？

　たとえ、Dが日頃「C先生大好き！」と言っていたような場合でも、明らかな上下関係がある中で、教師と児童・生徒

との間での「自由な」恋愛はないと考えるべきです。まして や、自身の言動の正当化に「自由恋愛」を持ち出してはいけ ません。18歳未満の児童・生徒を相手に性的な言動をする ことは、同意の有無にかかわらず、犯罪となる可能性があり ます。法律的には、児童・生徒は保護の対象であり、自分自 身のことに関しても判断能力が十分でないものと考えられて います。本当に当該児童・生徒を思う気持ちがあるのであれ ば、判断能力が未熟な段階で「自由恋愛」を押し付けるべき ではありません。

3　事情を聞き取る必要性

　仮にCがDに対してこのようなことを繰り返しているので あれば、スクールカウンセラーなどに促し、Dから事情を 聞くことも検討するべきです。Dが「気にしていない」など と言ったとしても、「かわす」ことはその場では自衛になる かもしれないが、本当に嫌だったらいつでも学校の内外を問 わず相談するように、促しましょう。少なくとも相談窓口の 存在や運用を知らせておけば、後に「やっぱり嫌だった」と 気づいたときの助けになります。

　一方で、Dからも事情を聞き取るべきです。仮に問題とし て意識していない場合には、セクハラとは何か、そしてなぜ 拒否・拒絶してこないのかを考える機会を個別に作ることも 考えられます。

　加害者からすると、「この程度のこと」なのかもしれません。 しかし、「この程度のこと」で、児童・生徒の身心の成長に 悪影響を及ぼす危険性は否定できません。

Ⅲ　SLにできること：対処及び措置

1　ハラスメント対策はSLの出番

　男女雇用機会均等法11条1項は、事業者に対し、必要な措置を取ることを義務付けています。法律の指針では、取るべき措置を以下のとおり具体的に明記しています。学校に関する直接的な規定はありませんが、安全配慮義務の一環として、指針に即した適切な措置をとることが必要です。

　適切に対処しなかった場合、加害者本人及び学校が民事上の責任を追及される場合があります。また、弁護士会に対して、人権救済の申立てがなされたケースもあります。

　児童・生徒が安心して教育を受けるためにも、学校の適切・適法な運営・経営のためにも、セクハラに対して、事前の適切な制度構築と、事後の適切な対処が必要です。企業に対するアドバイスや裁判の経験を有するSLが力を発揮する場面です。

2　事業主の方針の明確化及びその周知・啓発

　多くの企業においては、就業規則に明確にセクハラの禁止を定めた上で、別途ハラスメントの防止などに関する規程を定めることが一般的です。学校においても同様の対応が必要となります。就業規則に明確に定めておかなければ、セクハラを理由に懲戒処分ができない可能性があり、適切に懲戒できないと措置義務違反となりえます。

　また、セクハラ研修も多くの企業で行われています。セクハラの定義、発生原因などを周知・啓発するために、研修や

説明会を行うべきです。これは教職員に対してはもちろん、児童・生徒や保護者を対象にも行うことによって、被害の早期発見に資するとともに、深刻化を防ぎます。また、児童・生徒が将来にわたって加害者にならないような予防効果も期待できます。SLが法的観点に基づいて行うことにより、感情論や抽象的な精神論とは一線を画した研修ができると考えられます。

3　相談に応じ、適切に対応するために必要な体制の整備

まずは、相談窓口を設置する必要があります。相談窓口の担当者を決め、学校内で周知しましょう。相談窓口は、「少し嫌だな」と思った段階でも相談できるところでなければなりません。

利益相反とはならないよう個別の相談は受けつけないことを明記しつつ、この窓口の運営にSLが関わることは有用です。窓口が守秘性、外部性を維持できるよう適切にアドバイスするべきです。加えて、スクールカウンセラーなどとチームになって運営することで、法的観点と心理面のケアを両立させることが可能になると思われます。

4　相談・苦情に対する迅速かつ適切な対応

学校はハラスメントの相談・苦情を受けた場合、事実関係を迅速かつ正確に、証拠に基づき確認しなければなりません。被害者の訴えのみを聞くのではなく、双方から事情聴取する必要があります。SLが直接事実調査に関わることは利益相反となりえますが、不適切な調査手法が採られたり、偏った

事実認定がなされないよう、適切な運用を促すことが求められます。

以上に加えて、再発防止策の検討が必要です。PDCAサイクルの一環として、従来の防止策の見直しが必要です。児童・生徒、保護者らが納得し、かつ学校側で実践できる具体的な案にすることが重要です。

事例2

　E中学では、携帯ゲーム機の持ち込みを禁止しています。生徒たちが隠れてプレーしていたことが見つかり、持ち物検査をすることになりました。女子生徒Fらのグループは、持ち物検査に抗議しようと考え、男性の新任教師G先生が検査することを分かったうえで、かばんの一番上に女性用の下着や生理用品を入れておきました。Fのグループは、持ち物検査が行われそうになるたびに、同じことを繰り返しました。G先生はやめるように注意しましたが、「えー、ゲーム入ってないじゃん。っていうか、先生こういうの見るとかセクハラ」などと口々に騒ぎ立て、何度注意してもやめません。しかし、持ち物検査はE中学における業務上の命令であり、不実施は許されません。G先生は、検査のたびに困惑しストレスを感じるようになり、仕事を続けることに悩むようになりました。

Ⅰ　生徒から教師に対するセクハラもある

　生徒から教師に対するセクハラもありえます。例えば多数の女子生徒と男性教師というような関係では、上下関係が逆転している場合もあります。このタイプのセクハラは、通常は上の立場にある教師が被害者となることから、一般に被害が軽く見られる可能性があります。

Ⅱ　対処及び措置

　この事例は、環境型セクハラに該当します。対処としては、基本的には、事例1と同様です。

　G先生がセクハラ被害に遭う状況をE中学が放置したことについて、G先生から責任追及を受ける可能性があります。被害者の教師が相談窓口に来た場合には、事例1と同様、学校として適切な対応が求められます。持ち物検査の担当を交代させる、実施方法を変更させるといった対応を取るべきです。

　生徒がセクハラをしている場合には、なぜセクハラがいけないのかを適切に説明することが最も重要と考えられます。セクハラは誰に対しても行ってはいけないし、個人の尊厳を傷つける重大な問題であることをしっかりと伝えるべきです。

Ⅲ　SLに期待されること

　SLには、第一に、学校に対し生徒から教職員に対するセクハラもあることを共有することが重要です。第二に、セクハラの違法性を生徒たちに理解させる役割も求められます。

SLは教職員を通して、生徒たちに持ち物検査に不満があるのならば、担任教師に嫌がらせをするのではなく、適切な方法で異議を申し立てるべきであると教える必要があります。担任教師に嫌がらせをしても意味がないこと、持ち物検査の実施の責任主体に意見をいうこと、他の生徒たちから意見を集めることなどの方法を教えることによって、今後の社会においても、嫌がらせやいじめといった方法ではない、解決方法を模策させることが重要と考えられます。児童・生徒に対して安易に罰を与えるのではなく、彼らが保護や教育の対象であることを念頭に置いた対処が大切です。

第9話　ブラック校則・指導死

　Aは、曽祖父がイギリス人というルーツを持つこともあり、生まれつき明るい茶色の頭髪です。中学2年生まで通っていたB中学では問題視されたことはなく、Aは、自身の頭髪を、自身のルーツを示すとても大切なものと感じていました。

　その後、Aは、父親の転勤に伴いC中学に転校することになりました。C中学では染髪を禁止するとの校則があり、運用上、頭髪の茶色い生徒は入学前に、親の署名押印のほか、本人の幼少期の頭髪の色がわかる写真などの添付資料を添えて「地毛証明書」を提出し、最終的には教職員からの「承認」を受けなければならないとされていました。

　Aもその両親も、Aの頭髪をこれまで特別視したことはなく、またプライベートな写真の提出や教職員からの「承認」を得るというシステムに疑問を抱き、証明書を提出しませんでした。

　入学後、Aは、複数の教職員から地毛証明書を提出するよう再三にわたり求められ、「提出しないなら、髪を染めなさい」などと言われるようになりました。

　それでも提出を拒んでいたある日、Aは、生徒指導担当のD先生ほか数名の教職員に保健室に呼び出され、市販の染髪剤を前に3時間以上にわたり、「今すぐここ

で染めなさい」「証明書を出していないのは染めているからでしょう」「君の両親はどちらも黒髪じゃないか。嘘をつくのはやめなさい」などと言われ続けました。Aは、最終的にその場で自ら染髪を行いました。

　Aはその3日後、指導が原因で自死を選ぶと記した遺書を残し、自宅のマンションから飛び降りて亡くなりました。

I 「ブラック校則」の法律問題

1　ブラック校則とは

　「ブラック校則」とは、児童・生徒の人格を傷つける、合理性の乏しい校則を言います。例えば、本来の髪色が黒髪以外の児童・生徒に対して黒染めを強制したり、下着の色について白色のみと定める例が、近時マス・メディアで話題となりました。2017年結成された「ブラック校則をなくそう！プロジェクト」の調査によれば、近年は、より「細かい規制による管理」が強化されているそうです。

　そもそも校則とは、児童・生徒が健全な学校生活を営み、よりよく成長・発達していくため、各学校の責任と判断の下にそれぞれ定められる一定の決まり（明文化されていないものや部則なども含む）のことをいいます。校則は児童・生徒がよりよく成長・発達していくために制定されるものですから、学校を主体として制定されるとしても、児童・生徒やその親権者等の重要な利害関係者に意見を聞いた上で作成することが重要です。学校側の管理の都合のための校則か、児童・

2-9 ブラック校則・指導死

生徒のための校則か、その分水嶺はこの手続きの担保にあるといっても過言ではありません。

安易な制約がなされないようにするためにも、その内容については、制約の必要性（規制の目的の重要性）・相当性（規制によって得られる利益が、規制によって制約される児童・生徒の人権の価値に見合うものか）を慎重に検証する必要があります。

なお、校則によって児童・生徒の人権を制約する明確な法的根拠はありません。憲法上保障されている基本的人権を法律に基づかずに制約することには極めて問題があると多くの専門家が指摘しています。そうした観点からも校則の制定には慎重な姿勢が求められます。

また、児童・生徒は判断能力が未熟であることを理由に、親が子に干渉するようなやり方で、公権力が未成年者の人権を制約することが認められるとする「パターナリスティックな制約」という考え方があります。多くの校則がこうした考え方に基づいて「保護」を理由に細かい規律を設けています。

しかし、本来、こうした制約が認められるのは、「成熟した判断を欠く行動の結果、長期的に見て未成年者自身の目的達成諸能力を重大かつ永続的に弱化せしめる見込みのある場合」（佐藤幸治『現代国家と人権』〔有斐閣、2008年〕232頁）に限られると解されており、近時の校則で設けられている多くの細かい規律はこれに当たらないと考えられます。

そうした前提を踏まえると、ブラック校則には、前述の判断枠組みの規制の必要性・相当性のいずれか、または、その両方が欠けています。

2　地毛証明書の法律問題

　B中学の地毛証明書の目的は、非行や学業への悪影響を防止するため、染髪やパーマなどを見極め、児童・生徒の毛髪を管理することにあるとされています。しかし、必要性・相当性のいずれも欠けていると思われます。

　まず、校内暴力や暴走族が問題視され「パーマ＝非行」と考えられていた80年代などとは大きく異なり、現代においては染髪やパーマは一般に非行の兆候であるとはいえません。染髪やパーマの学業への悪影響についても学術的な裏付けはなく、その教育的意義については大きな疑問が残ります。毛髪を管理する必要性自体を、再検証する必要があります。

　また、手段の相当性も欠けています。地毛証明書は、「日本人の毛髪は黒髪でストレートである」ということを前提としていますが、前掲「ブラック校則をなくそう！プロジェクト」の調査によれば、生まれつき「黒髪かつストレート」である人の割合は6割程度に過ぎないとされています。制度自体がそうしたある種の「思い込み」に基づいたものであることには注意が必要です。

　さらに、自身のありのままの姿でいるために「証拠」や「許可・承認」が必要であるという点にも大きな問題があります。多数派と同様の教育を受ける「前提」として、少数派にのみ条件や負担を課すことになるためです（なお、この点は、地毛証明書の制度がなく一律に黒染めを求める場合にも同じく問題となります。黒染めによる頭皮・毛髪へのダメージや染髪代の経済的負担は少数者に対してのみ課されることになります）。したがって、地毛証明書という手段は、著しく不相当です。

こうしたブラック校則は、児童・生徒を"管理されること"に慣れさせ、不合理・不条理に対する過剰適応、あるいは自己有用感・自己肯定感の喪失といった重大な弊害をもたらします。

また、厳しい管理は強いストレスを与えることになるため、いじめなどの問題を教室に生み出す可能性も高まります。校則の目的である児童・生徒のより良い成長・発達を、校則自身が阻害することになります。本末転倒です。

加えて、こうした細かい校則を遵守させようとする教職員にとっても、無用のストレスを課すこととなり、教育環境を悪化させる原因となります。

3　「指導死」の法律問題

Ａは学校の指導によって自死に追いやられました。指導死とは、学校において、教職員の指導によって児童・生徒が肉体的・精神的に追い詰められ、自殺に至ってしまうことを言います。

本来、児童・生徒の心身の健康や健全な発達に資する場所であるはずの学校でこのような事態が起こることは断じて許されませんし、避けなければなりません。

このような指導死が発生すれば、実際に亡くなった児童・生徒はもちろん、児童・生徒の親族や教職員が感じる精神的ショックは計り知れないものがあります。場合によっては、マス・メディアでも大々的に取り上げられることにより、学校にとって大きなレピュテーション・リスクが生じます。さらには、取材攻勢により、児童・生徒への精神的ストレスや、

対応する教職員の業務上の負荷や精神的ストレスが増大します。もちろん、地方自治体や学校法人、教職員個人は大きな法的責任を追及されます。損害賠償責任はもちろん、指導の内容によっては刑事罰が科されることもあります。

このように指導死が及ぼす影響は極めて大きく、学校としては、指導死の発生を予防する体制作りを行うことが不可欠です。また、指導死が発生した場合に、調査や情報開示など、どのように対応するかも極めて重要となります。

II　ブラック校則問題に関してSLができること

1　SLのブラック校則問題に対する対応

SLは、校則の有効性が争われた裁判例について知識を有しているだけでなく、どのような校則が児童・生徒の基本的人権を守るという観点から適切で、どのような制定又は改正手続が必要か、どのように校則を適用・運用していくとよいかなどについて適切にアドバイスすることができます。

学校はこれを踏まえ、児童・生徒の実情や学校を取り巻く社会状況などに適応した校則を策定することが可能になります。また、ブラック校則をはじめとする不適切な規律について、SLのアドバイスの下、児童・生徒や保護者の意見を聞いた上で、改善していくことが可能になります。

2　SLの指導死問題への対応

まず、指導死を予防する体制作りが必要です。この際、SLの「外部者」という特徴が力を発揮します。指導死の多くは、渦中にいる当事者が問題に気付かないうちに行為がエ

スカレートしてしまうことで起こります。「当たり前」を共有していない外部者であるSLだからこそ、問題点に気づき、早期に対応することが可能になります。

　また、スクールカウンセラーなどと情報を共有することで、傷ついている児童・生徒を早期に発見し、原因が行き過ぎた指導にある場合は、問題提起を協働して行うこともできます。

　不幸にも指導死が発生してしまった場合には、SLは、教職員の協力を得ながら、中心となって学校内部の調査を実施するべきです。児童・生徒としても、外部者であり、法律家であるSLだからこそ言える事実や本音があるかもしれません。

　調査に加えて、広報対応も重要です。広報を担当する教職員に対して取材への対応方法・開示内容をレクチャーしたり、実際に広報担当者として対応することも考えられます。とりわけ、教職員や学校に大きな帰責性があると思われる難しい事案では、プロによる慎重な対応が必要となるでしょう。

第10話　学校事故

　A中学のサッカー部の顧問教員B及び副顧問Cの指導のもと、1、2年生の20名の部員が学校から4kmの公園までランニングをしていました。当日は真夏日で、練習開始1時間後の午前10時頃に外気温が31度を越えました。
　ランニングに参加していた身長約170センチ、体重約80キロの中学2年生のDが往時で「疲れた」といって、ほかの生徒から遅れることがありました。
　B先生は、Dにゆっくりでいいから自分のペースで走ること、適宜水分を採ることを指示し、他部員は副顧問Cに任せて自分はDと並走して公園まで行きました。
　公園では20分の休憩をとりましたが、遅れて公園についたDは10分程度の休憩で復路につきました。
　Dは午前11時に学校に戻りましたが、具合が悪いといいました。B及びCは、Dを教室後方の風通しのよい床に座らせましたが、暫くするとDは意識を失いました。
　直ちに119番に通報して搬送されましたが、搬送先の病院でDの死亡が確認されました。

I　学校事故とは

　学校事故とは、学校の管理下における事故のことです。学校保健安全法は、「事故、加害行為、災害等」を「事故等」

と規定しており（同法26条）、「事故」を、学校関係者ないし第三者の加害行為や自然災害と区別しています。

Ⅱ　学校事故における法的責任

1　法的責任の概要

　学校事故の法的責任は、当該事故の予見可能性と、それを基にした具体的な注意義務に違反した場合に認められます（なお、法的責任主体をめぐる問題は本章第2話参照）。注意義務の内容・程度は、教育活動の性質、学校生活の時と場所、生徒の年齢、知能、身体の発達状況などの事情を考慮して、当該事故について予測可能性があるかを基準に判断されています。

　裁判例では、部活動の指導教職員には、平均的なスポーツ指導者を越えた科学的知見が求められており、重い注意義務が課せられています。特に、熱中症といった社会的に議論され話題となった問題に関する注意義務は非常に重くなります。

2　熱中症に関する、指導教師の注意義務

　近年では、熱中症による死亡事故の増加に伴い、各種の熱中症予防の指針・マニュアルなどが公表されています。

　部活動の指導教職員は、以下の要因に配慮して、熱中症の危険性を具体的に予見し、生徒を保護すべき注意義務を負っています。

　①環境要因

　　環境の気温・湿度・暑さ指数の把握したうえで、練習場所や練習時間帯の選択が適切であることが求められます。

②主体要員

　熱中症の発症には個人差が大きく関与します。生徒の体力、肥満度、暑さに対する耐性、服装を把握したうえで、各生徒に応じた熱中症の具体的な回避策が求められます。

③運動要員

　ランニングやダッシュなど激しい運動は熱中症のリスクを高めます。運動強度に注意を払い、休憩をこまめにとるなどの対策を講じることが必要です。

Ⅲ　本事例の注意義務違反

1　BとCの責任

　日本体育協会のガイドラインにおいては、気温が31度以上の場合、厳重警戒が必要で激しい運動は中止すべきとされています。本事例では午前10時頃に気温が31度以上となったのですから、そもそも練習を中止ないし時間変更をすべきであったと考えられます。

　また、Dは身長170センチ・体重80キロと肥満体型といえました。肥満の人は熱中症を発症しやすいので、特に注意を払って観察し、休憩をとらせ、練習を中断することを考慮すべきでした。

　それにも関わらず、B及びCは、部員に対しランニングという熱負荷の大きい運動をさせていました。したがって、B及びCに注意義務違反が認められると考えられます。

2　A中学の法的責任

　A中学では、気温が31度以上の場合に厳重警戒が必要で

あることや、体型などのリスクファクターについて教職員に指導が行われていなかったものと思われます。また、BがDにランニングを中断させて一緒に学校へ戻ることができなかったのは、そもそも40名の部活動に2名体制で臨んでいた人的資源の不足という構造的な問題もうかがえます。

さらに、教室にエアコンが設置されていなかったことは、学校のみならず、地方公共団体など設置者の責任も問われるでしょう。

事例の事故は、A中学にも注意義務違反があると判断されうると思われます。

Ⅳ　SLにできること

1　事故発生前の対応

上述のとおり、部活動の指導教員については平均的なスポーツ指導者を越えて、科学的知見を有することを前提に注意義務が判断されています。学校は教職員に対して適切に研修を実施し、担当する部活動における科学的知見を備えるよう指導することが求められます。

そこで、SLを通じて学校事故の事例を基に、法的責任の観点から研修を実施することが求められます。なお、2016年に文部科学省より「学校事故対応に関する指針」が出されており、それを参照することが望ましいでしょう。

本件では、SLは部活動顧問や生徒に対して、日本体育協会「スポーツ活動中の熱中症予防ガイドブック」や、環境省「熱中症環境保健マニュアル」を基に熱中症に関する講習を行い、それを生徒にも周知徹底させることが考えられます。

生徒が自己の体調を申告しやすい雰囲気づくりも大切です。
　学校とSLが連携をとって、事故予防策の策定が期待されます。

2　事故発生直後の対応
(1)　ヒアリング・事実経過のとりまとめ
　事故が発生した場合には学校として、事故の事故当事者・目撃者・教職員などにヒアリングを行い、どのような事実経過があったかを取りまとめます。SLがどこまで関与するべきかは利益相反の点から注意が必要です。個別のヒアリングには関与しないとしても、ヒアリングにあたり注意すべきことの共有やヒアリングに基づき事実を認定する際の方針など大局的な点から関与することが期待されます。
　本設例では、部活動の参加者や周辺住民からの聴き取りも想定できます。また、昨今では、スマートフォンや周辺の監視カメラに事故前後の状況が記録されていることもあります。事故直後からそのような客観記録の保全に努めることもSLからアドバイスができます。

(2)　被害者対応
　被害者の保護者からの要求についてもSLと連携して対応することが望まれます。調査の段階に応じて、法的責任・教育的責任についてどこまで言及すべきか、その後の法的紛争や事案解決にどのような影響があるかを見通したうえで対応することが望ましいところです。
　なお、学校に顧問弁護士がいる場合には、交渉事項は顧問弁護士の役割とし、SLは「場の法律家」として最低限関与

するに留めるという役割分担もありうるでしょう。
(3) 警察に対する通知・報告

　従来、学校における事故・事件は学校自治による解決が原則とされていました。しかし、事故の原因究明や被害者対策の観点からは、早い段階で警察に事故を報告し、事実確認を要請するとともに、被害者に対する信頼確保に努めることが肝要となります。

　警察への連絡についてもSLからの助言が期待されます。

　同様に、教育委員会への通知・報告や、第三者委員会の設置要請、同委員会に対する通知・報告についてもSLからの助言を仰ぐことが可能となります。

(4) 再発防止策の策定・実施

　事故から一定期間が経過してからは、事実経過を踏まえて事故の原因を究明し、SLの助言を踏まえるから再発防止策を策定することになります。

V　まとめ

　学校・教職員は、学校事故において重い義務を負っています。この実態は必ずしも教育現場の認識と一致するものではありません。学校として、学校事故に関し、事前・事後にSLと連携を図り、法的責任の観点から認識を共有し、対策を講じることは非常に重要です。

　また、SLは、学校現場に身近な法律家として、教育現場の声を適切に司法の場に届ける役割を負っています。SLが教育現場と司法の架け橋となることが期待されます。

第11話　少年事件

> **事例1**
> A中学3年B組のC（15歳）が、学校帰りに近くのコンビニエンスストアで万引きをしたとの嫌疑で110番通報され、警察に連れて行かれました。A中学は、Cの保護者Dから連絡を受けて、今後の対応を協議することとしました。

I　少年事件の法律問題

　ここでは、児童・生徒が何らかの事件を起こし、あるいは起こしたと疑われて、警察、家庭裁判所あるいは児童相談所などが関わる事態になった場合について取り上げます。

　一般に、警察や家庭裁判所で扱われる少年は以下の3種類に分けられます。なお、ここでいう「少年」は法律用語で、男子も女子も含みます。

①犯罪少年：罪を犯した行為時14歳以上かつ審判時20歳未満の少年
②触法少年：刑罰法令に触れる行為をした行為時14歳未満の少年（なお法律上は、14歳未満の子は罪を犯したことにはなりません）
③ぐ犯少年：20歳未満で、保護者の正当な監督に従わないなどの不良行為があり、その性格や環境からみて、将来罪を犯すおそれのある少年

①は警察・家庭裁判所中心、②は児童相談所中心、③は14歳未満であれば児童相談所中心で18歳以上であれば家庭裁判所中心となるなど、上記①～③のいずれに該当するかによって、主に対応する機関が違ってきます。また、少年の環境や行った行為の内容・状況などにより、その後の手続きは様々です。ここでは想定事例を念頭に解説していきます。

Ⅱ　事例1の検討

事例1では、15歳の少年であるCが万引きをしたとされています。万引きは刑法上の窃盗行為にあたりますから、Cは①犯罪少年ということになります。したがって、主に警察や家庭裁判所が手続きを進めていくことになります。

Cは警察に連れて行かれましたが、この後必ず何十日も拘束されるというわけではありません。逮捕されたとしても、例えば事件発生後1、2日のうちに弁護人が検察官や裁判官と交渉するなどの対応をすることで、その後の最大20日間に及ぶ勾留を受けずに釈放され、いわゆる在宅のまま手続きが進むこともあります。少年にとって、また保護者や学校にとって、少年が勾留されるのか、それとも在宅のままでいられるのかでは、天と地ほど違います。初めての万引きなど、比較的軽い事案であれば在宅で進められることもありますが、高をくくって何もせずにいると、勾留される場合も往々にしてあります。

弁護人がついていれば、上記のような早期の対応が可能となります。逮捕からできるだけ速やかに依頼することが重要です。ただ、警察に連れて行かれたからといって、自動的に

弁護人がつくわけではありません。また、逮捕され動揺している児童・生徒が、自ら「弁護士を呼んでほしい」と警察官に言える可能性は極めて低いでしょう。保護者や学校が弁護人を依頼する必要があります。

　方法としては、知り合いの弁護士に直接依頼するほか、「当番弁護士」という制度を利用する方法があります。これは、その日の"当番"の弁護士が一度だけ無料で会いに行く仕組みです。地域の弁護士会に要請することで利用することができます。会いに来た弁護士を、そのまま正式に弁護人となるよう依頼することも可能です。費用や相性などで折り合いがつかない場合は、自由に断ることができます。依頼をせずに断った場合でも、少年本人に対して、置かれている状況や刑事司法の仕組みを伝えたり、本人の承諾があるときには本人の様子や意向を保護者などの関係者に伝えることが可能です。

　非常に重要でありながら、なかなか一般に知られていない仕組みですが、SLがいれば、学校として、当番弁護士の派遣の必要性や要請方法などについて早期に適切なアドバイスを受けることが可能になります。また、SLが弁護人と学校の橋渡し役となり、弁護人に適切な情報提供をすることで、不当な身体拘束を防ぐための協力をすることもできます。

2-11 少年事件

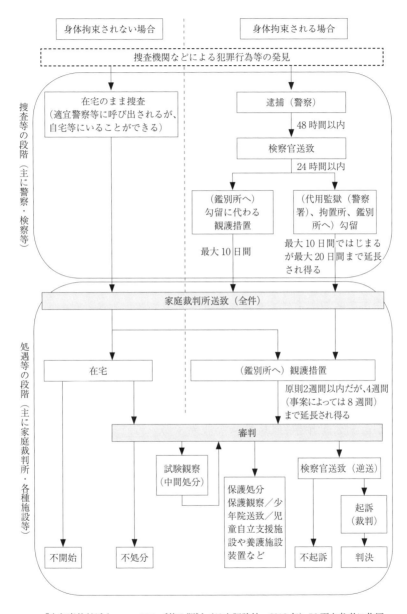

『少年事件付添人マニュアル〔第3版〕』(日本評論社、2013年) 56頁を参考に作図

事例2
　Cは、警察に逮捕され、10日間勾留されることになりました。そして、その後家庭裁判所に送致されました。Cの担任のEや学年主任のFは、今後の対応を検討することになりました。

Ⅲ　逮捕以降の法律問題

1　臨機応変な対応が求められる

　少年が在宅とならず勾留された場合は、少なくとも一定期間通学などができないことになります。場合によっては数十日からそれ以上に及ぶ場合もありますが、はじめのうちは勾留日数について正確な見通しをつけることは困難です。

　学校としては、処分や判決の内容に応じて、あるいは判断が下されるまでに要する期間によって、なすべき対応が変化していきますので、手続きの進行を把握しながら、随時検討を重ねることになります。

　しかし、少年事件は、複数の段階で様々な手続きの分岐があるため、手続きの進行を把握することすら容易ではありません。処分の見通しや要する期間の予測も簡単ではありません。また、弁護人は少年のために相当忙しく動き回るので、学校が、少年の弁護人に逐一説明を求めることは現実的ではありません。

　ここで法律の専門家であるSLがいれば、少年事件としてはどのような手続段階にあり、その手続がどのような意味を持つものなのか、その後どういう判断が出たらどうなるのか

につき、随時学校に説明することができます。弁護人に対する問い合わせも、前提事実を共有しているため、互いにスムーズに行うことができます。

　また、学校には教育機関として、少年が抱える問題を把握し、対処することが期待されます。SLは、学校と協力しながら必要な情報を収集し、学校が適切な対応をとる手助けができます。

2　家庭裁判所などへの対応についてのアドバイス

　捜査の結果、犯罪の嫌疑があるとされた場合には、必ず家庭裁判所に事件が送致されます。家裁送致後、「弁護人」は「付添人」という役職になります。家庭裁判所の手続きが始まると、家庭裁判所の「調査官」という専門家が、事件や少年について調査を開始します。これに伴い、調査官から学校に対し、日頃の少年の生活態度や成績その他関連する事項について照会がなされることがあります。書面による場合もあれば、訪問を受ける場合もあります。また、弁護活動のために、付添人の弁護士からも同様の照会を受ける場合があります。

　学校は、これらの照会に対し、SLの助言・指導を得ながら対応していくことが考えられます。また、SLのアドバイスのもと、うまく家庭裁判所調査官や付添人などと連携することで、今後の見通しに必要な情報の共有も期待できます。

3　その後の対応についてのアドバイス

　学校は、一定の区切りがついたタイミングで、少年の処遇について判断を求められます。停学、退学といった懲戒処分もありえます。他方、スムーズで平穏な学校生活のために、

全力でサポートするということもあります。

　いずれにせよ、教育機関として、憲法をはじめとする法律と児童・生徒の人格に十分配慮しながら、事案に応じた適切な判断を下す必要があります。この判断をするにあたっても、SLが力を発揮することが期待されます。

　また、少年事件の後には、保護司という専門家が少年の社会復帰をサポートすることがありますが、学校としては、SLを窓口として、保護司と連携を深めることも期待できます。

　このような学校の対応により、結果的に学校にとっても少年にとっても望ましい着地点を見いだしやすくなることが期待できます。

Ⅳ　未然防止とSL

　ここまで少年事件が起きた場合にSLができることを具体的に紹介してきましたが、そもそも少年事件の発生を未然に防ぐことができれば、それに越したことはありません。日頃からSLによる法教育を充実させることで、児童・生徒たちの法規範意識の涵養に努めることなどが考えられます。

　また、児童・生徒たちの問題行動（小さなトラブルの芽）を学校側が把握しやすいよう、SLの助言・指導を得つつ、相談しやすい環境を作ることも考えられます。

　さらに、小さなトラブルの芽を学校が把握した段階で、SLが協力して問題点の整理をしながら対応の要否を仕分けることで、早期に適切な対応をし、重大な事態への発展を予防することも期待できます。

第 12 話　SNS トラブル

　中学 3 年生の女子生徒 A は、有名な男性読者モデルの B に憧れて、B の Twitter をいつも見ていました。A は、B が Twitter に写真をアップするたび、「かっこいいですね。応援しています」と返信したり、写真をリツイートしたりしていました。ある日、B から A に、ダイレクトメッセージ機能で、「いつも応援ありがとう！写真見せてくれない？仲良くなろうよー」とのメッセージが届きました。A は、B と仲良くなれるととても嬉しくなり、すぐに自分の写真を撮って B に送りました。その後もしばらくやりとりが続きました。すると、B から「裸の写真を送ってくれない？」とのメッセージが届きました。A さんは悩みましたが、恥ずかしくてできないと思い、以後、B からのメッセージを無視するようになりました。
　しばらくして、A も B のことを忘れていたころ、A の Twitter やスマートフォンに見知らぬ人から「今晩会わない？」などのメッセージがたくさん届くようになりました。A の名前、顔写真、そして学校名が Twitter やインターネットの掲示板に晒され、広く拡散する事態となっていました。さらに、A は援助交際しているなどの書き込みもされていました。拡散されていた A の写真は、B に送った写真でした。学校へも A を非難する電話やイタズラ電話が殺到しました。

I　SNSトラブルとは

　SNSとは、Social Networking Service（ソーシャルネットワーキングサービス）の略称です。登録された利用者同士が交流できるインターネット上の会員制サービスです。

　平成29年度青少年のインターネット利用環境実態調査（平成30年3月内閣府）によれば、青少年の72.1％がスマートフォンや携帯電話を利用しています。スマートフォンによるインターネット利用率は、小学生23％、中学生54.6％、高校生94.1％にのぼります。

　10代のSNS利用率は、LINE86.3％、Twitter67.6％、Facebook21.6％にのぼっており、多くの子どもたちがSNSを利用しています（「平成29年情報通信メディアの利用時間と情報行動に関する調査報告書」平成30年7月総務省情報通信政策研究所）。

　SNSは、会員制サービスだからといって安心できるわけではありません。SNS利用により、個人情報が流出し悪用されることや、誹謗中傷やいじめ、時には犯罪に巻き込まれる場合があります。また、安易な気持ちで行った書き込みにより他人の権利を侵害して損害賠償請求されたり、名誉毀損や侮辱、信用毀損や業務妨害などの犯罪として有罪となった例もあります。不適切な投稿で退学や停学処分となることもあります。さらに現代的な問題として、不適切な投稿により誹謗中傷が集中する「炎上」が話題となっています。

　登録制とはいえ、Twitterなど匿名や偽名でアカウントを作成できるSNSもあります。この場合、バレないだろうと

普段用いないような言葉遣いや他人に対する誹謗中傷など、軽率な投稿が行われやすく、トラブルが発生しやすいことも特徴の1つです。

また、SNS の多くはアカウントを限定公開にすることができます。友人のみにアカウントを伝え、内輪のコミュニケーションを楽しんでいたつもりでも、誰かが投稿画面をスクリーンショットにして別の場所で公開したりするなど、思わぬ方法で情報が拡散する可能性があります。

ひとたびインターネット上に情報が公開されると、完全に削除することは極めて困難で、半永久的に情報が残ることになります。

SNS の利用はスマートフォンなどのメディア上でなされるため、教職員や保護者の目のとどかないところでトラブルに巻き込まれてしまいます。2017 年に SNS を通じて犯罪被害に遭った子どもは 1813 人にのぼります（「ネットには危険もいっぱい」2018 年版警察庁・文部科学省リーフレット）。

SNS はコミュニケーションの手段として有用ですが、インターネット上に情報が公開されているということを常に意識し、注意を払いながら利用することが重要です。

Ⅱ　SNS トラブルへの対処

実際にトラブルが発生した場合の以下の対処については、事前対策として、あらかじめ対処マニュアルを策定し、それに従った役割分担を明確にしておくことが重要です。

1　事実確認、実態把握

　SNSトラブルが発生した場合、まずは事実確認を行い、どのような情報がどのようなサイトに誰に、よってどのような方法で掲載されているのか、事態の把握に努めましょう。

2　任意削除請求

　実際に誹謗中傷されたり、児童ポルノに該当する画像が掲載されている場合、望まない個人情報が掲載されている場合などには、プロバイダ事業者やサイト管理者に対し、削除請求を行うことが可能です。

　また、児童生徒が不適切な投稿を行った場合については、まず、児童生徒に投稿を削除するよう促します。既に他のサイトに拡散してしまっているような場合には、プロバイダ事業者やサイト管理者に対する削除要請の検討が必要です。

3　法的措置による削除請求

　プロバイダ事業者やサイト管理者が任意の削除に応じない場合には、裁判所に対する削除の仮処分申し立てや削除訴訟といった、正式な法的手段をとることになります。

　また、投稿の相手方に対し、刑事告訴や損害賠償請求ができる場合があります。

　なお、投稿が匿名でなされる場合であっても、発信者情報開示請求（特定電気通信役務提供者の損害賠償責任の制限及び発信者情報の開示に関する法律「プロバイダ責任制限法」4条）により、相手方を特定することが可能です。これは児童・生徒が投稿者の場合も同様です。匿名だからと安易な投稿を続

けていると、氏名や住所が特定され、思わぬ法的措置を取られる可能性があります。十分に注意が必要です。

4　学校がとる法的措置

学校に対し、電凸（電話で突撃リポートし、その状況をネットで公表）やFAXなどが殺到する場合もあります。いわゆる「炎上」です。炎上騒ぎに巻き込まれると、火消しは容易ではありません。対応が面白おかしく取り上げられ、さらなる火種になることもあります。

学校運営に支障がある場合には、業務妨害罪（刑法233条、234条）が成立する可能性がありますが、不特定多数の加害者が相手とあって、実効的な解決は困難です。「炎上」の火種を提供しないよう、慎重な対応が求められます。

5　マスコミ対応

炎上し、社会的に注目された場合には、さらにマスコミから取材の申し込みがなされることもあります。取材対象が児童・生徒の情報に関するものである場合には、守秘義務や個人情報保護への留意が必要です。特定の児童・生徒に関するものや、特定の児童に直接取材したいといった内容の申し込みの場合には、取材は拒否するべきです。

なお、公的機関である公立学校はマスコミからの取材を拒否できないのではないかといった議論もありましたが、裁判所は、公的機関といえども取材への応諾義務は課されないと判断しています。

Ⅲ 事前と事後の対策

1 事前対策

　インターネットは、児童・生徒のみならず私たちの生活において不可欠なインフラであり、また、SNSを含めインターネット上での発信は、思想・良心の自由（憲法19条）や言論・表現の自由（憲法21条）により保障されます。

　SNSは、その利用によって様々なトラブルがあるものの、コミュニケーションの手段として有用であることは確かです。また、学校で利用を一律で禁じられ、適切な利用方法を学ばないままでいると、卒業後にSNSを利用することで、深刻なトラブルに巻き込まれることが懸念されます。児童・生徒に対し、適切なSNS教育を施すことで、トラブルを可能な限り防ぎつつ、適切な利用を促すことが肝心です。

　そのためには、単にSNSの利用を禁止することは得策ではありません。インターネットやSNSの特性を知り、自分がトラブルの被害者にも加害者にもならないための、ICT（Internation and Communication Technology）メディアリテラシー教育や情報モラル教育を行うことが重要です。「情報モラル」とは、「情報社会で適正な活動を行うための基になる考え方と態度」のことです。具体的には、他者への影響を考え、人権、知的財産権など自他の権利を尊重し情報社会での行動に責任をもつことや、犯罪被害を含む危険の回避など情報を正しく安全に利用できること、コンピュータなどの情報機器の使用による健康との関わりを理解することなどが含まれます（学習指導要領〔平成29年告示〕解説総則編）。

こうした教育により、まずは、児童・生徒が、SNSトラブルは自身が被害者にも加害者にもなりうる身近なトラブルであることを認識し、SNSトラブルを自分事としてとらえることが重要です。

また、SNSは、学校だけでなく、放課後、家庭でも利用されます。そのため、児童生徒だけでなく、SNSやインターネットが持つ危険性を保護者との共通認識にしておくことが重要です。スマートフォンを持たせる場合には、フィルタリングを設定することはもちろん、学校ルールだけでなく、家庭ルールも作れるよう、保護者と協働した取組みを行いましょう。

さらに、実際にトラブルが発生した場合に備え、あらかじめトラブルに対処する体制を構築しておくことが重要です。SNSトラブル発生時の対処マニュアルを策定し、教職員間に周知しておくことはもちろん、実際の役割分担を明確にしておきましょう。トラブルを初期の段階で察知し、炎上への発展を防止するため、常日頃からネットパトロールを行うことも大切です。

2　事後対策

実際にトラブルが収束した後も、事後対策を行うことが重要です。事前対策が十分であったのか、トラブルへの対処が適切であったのか、まずは検証を行った上で、再発防止策の検討を行い、必要に応じて事前対策を見直すことが必要です（PDCAサイクル）。

Ⅳ　事例の検討

　まず、Aに関する書き込みが、どのサイトに誰がどのようになされているのか、事実確認など実態の把握が必要です。事例では、Aの名前や学校名、顔写真などの個人情報がTwitterや掲示板などに晒されています。これは、Aが望まない個人情報の開示です。また、Aが援助交際をしているとの書き込みは、社会的評価を貶める事実にあたり、名誉棄損に該当します。

　これらを踏まえ、まずは、プロバイダ事業者やサイト管理者に対し、削除請求を行うことが必要です。業者によっては速やかな対応も期待できますので、情報拡散の危険性を踏まえて、事実を把握したうえで即座に行うことが重要です。

　また、Aの名誉が毀損されている以上、発信者情報開示請求により、書き込みをした人物が特定できれば、損害賠償請求も可能です。警察に被害を相談し、刑事告訴を行うことも考えられます。しかし、学校自身がAを代理し、これらの削除請求などを行うことはできません。学校としては、Aや保護者に対し、可能な手続きなどにつきアドバイスすることが期待されます。

　さらに、学校に非難やイタズラ電話が殺到する事態となっていることから、学校の運営に支障が生じていることを理由として、電話をかけてきた者に対し、業務妨害罪が成立する可能性があります。この点も併せて、警察に相談することが考えられます。

V　SLにできること

　SLとしては、事前対策からの関与が求められます。まず、SNSマニュアルの策定をはじめとした、SNSに関する危機管理体制の構築について指導・助言を行いましょう。

　また、情報モラル教育を担うことも期待されます。法律の専門家として、SNSトラブルの法的な知識を児童生徒や保護者に周知することが期待されます。SNSでのトラブルが名誉権、肖像権、プライバシー権などの第三者の権利を侵害することがあること、また、名誉毀損罪や侮辱罪、信用棄損罪や業務妨害罪などの犯罪にあたる場合があることを、法的責任が発生した具体的事例などを題材に授業や講演を通じて児童・生徒や保護者に伝えることなどが考えられます。匿名であっても発信者の情報が開示されることは、強調されるべきです。加えて、LINEをきっかけとしたいじめなど、ネットいじめが近年問題となっていることから、これらSNSトラブルに関する授業を行う際には、いじめ対策の一環としても有用です。

　実際に炎上などのトラブルが発生した場合には、SLが事実確認に関わることが期待されます。SLが事実確認に関わることにより、法的な見地から、適切な実態の把握につながります。そして、SLによる適時適切な判断により、適切な初動対応が図られることで被害拡大の防止にもつながります。ここまでは、利益相反の危険なく積極的な関与が期待されます。ただし、SLは場の法律家であり、学校の代理人ではありませんので、実際に学校を代理して、削除請求や法的措置

をとることはできません。また、児童・生徒やその法定代理人である保護者を代理することもできません。法的な助言・指導を超えて、代理が必要となる場合には、教育委員会などの顧問弁護士につなげ、また弁護士会の法律相談窓口などを紹介することなどが必要となるでしょう。

第13話　懲戒処分

　A高校に通う女子生徒Bは、活発な性格であり女子生徒の中でも中心的な存在でした。校則で禁止されている化粧をしたり、他の生徒をからかって口論に発展したり、授業中に教師に対し茶々を入れるといったことがしばしばある生徒でした。

　Bが3年生となった夏、交際をして3年になる年上の男性との子供を妊娠したことが判明しました。

　最初は、戸惑いを隠せなかった二人でしたが、話し合いの結果子供を産みたいとの思いが合致したことや、両家族の理解が得られサポートも約束してくれたことなどから、Bは子供を産む決心をしました。

　Bら家族はA高校に対し、Bの妊娠を理由に学校を休学させてほしい旨を伝えましたが、A高校の教職員らは「A高校には妊娠した生徒を支える環境が整っていない。子育ても大変だろうから、自主退学した方がいい。1週間以内に自主退学をしない場合には、退学処分も検討せざるをえない」と伝えました。Bらは「学校を辞めたくない」と必死に訴えましたが、教職員らが強く自主退学を勧めたことや退学処分になるくらいならば自主退学の方がましだと考えたため、Bはやむなく退学届けをA高校に提出しました。

I 懲戒処分の法律問題

1 概要

「懲戒処分」とは、教育目的を達成するために、児童・生徒に課す制裁です。単なる事実行為として児童・生徒に注意を与え将来を戒めるために行われるもの（訓告）と、校長などの一方的な意思表示によって児童・生徒の法的地位に変動を来すような一定の法効果を伴うもの（退学・停学）の2つがあります。前者の事実行為としての懲戒は、行きすぎる場合に体罰やハラスメントに当たる場合を除き、原則として法的な問題は生じません。ここでは、主に後者について検討します。

2 法令の定め

懲戒処分は、学校教育法11条と学校教育法施行規則26条によって定められています。

学校教育法11条では、教育上必要があるときには校長などは児童・生徒に対して懲戒を加えることができますが、体罰を加えることはできないとしています。

同条を受け、学校教育法施行規則26条が規定されています。そこでは、①懲戒処分を与えるには、児童・生徒の心身の発達に応ずる等の教育上必要な配慮を要すること、②懲戒処分のうち、「退学」「停学」「訓告」は校長が行うことなどが規定されています。

なお、「退学」「停学」「訓告」のいずれの処分にあたるかは、処分名目ではなく、実質的に判断されます。例えば、処分の名前が「放校処分」や「除籍」という名前のものでも、学校

から強制的に排除される場合には、法にいう「退学」と位置付けられます。

3　懲戒処分の限界

懲戒処分は、上記のように3つの処分に分かれるわけですが、どのようなときにどのような処分をなすべきかにつき、明確な定めはありません。教育現場では微妙な判断を迫られる場合があります。

判例は懲戒処分につき、校長が裁量権を有しており、事実の基礎を欠くか、社会通念上著しく妥当性を欠き、裁量権の逸脱・濫用に当たる場合には、当該懲戒処分が違法になるとされています。

これだけでは抽象的な基準に過ぎないため、これまで積み上げられてきた裁判例などを検討したうえで、具体的な事情ごとに「裁量権の範囲内」か否かを見極める必要があります。行政機関による各種通知（教育委員会によるガイドラインなど）も参照するべきです。

例えば、学校教育法施行規則26条1項では、懲戒処分を行うに当たっては、「児童等の心身の発達に応ずる等教育上必要な配慮をしなければならない」と規定されており、判例においても言及されています。懲戒処分をするにあたっては、児童・生徒の学年や年齢を意識する必要があります。

4　必要な手続

公立学校の懲戒処分は、「行政処分」に該当します。通常、行政処分は、これから処分をする可能性がありますといった

「告知」、対象者の言い分を直接確認する「弁解の機会の付与」、処分の根拠となった対象者の言動や処分に至った経緯を記載して書面で付与する「処分理由の提示」といった、法の定めに従った手続きに則る必要があります。

　しかし、公立学校の懲戒処分は明文で行政手続法の適用が除かれており（同法3条1項7号）、法律上これらの手続きは義務付けられていません。判例でもこれらの手続きを行わなかったことがすぐさま懲戒処分の適法・違法の結論に直結するわけではないと考えているようです。

　もっとも、判例の多くは、懲戒処分を行うに際してどのような手続きがなされたかについて詳細な検討をしていますし、手続きの内容が校長の「裁量権の範囲内」か否かの判断に影響することを前提としています。

　手続きの遵守は内容の正当性の担保につながります。法令上の義務ではないとしても、これらの手続きを意識することが重要です。

5　公立と私立の違い

　公立と私立では判断方法が異なります。判例は、私立学校の「建学の精神に基づく独自の伝統ないし校風と教育方針」を尊重する傾向が見られます。公立学校では考慮されないような、その私立学校の伝統的な校風や教育方針が「裁量権の範囲内」か否かの判断に影響をすると考えられています。

Ⅱ それぞれの懲戒処分の法律問題

1 退学処分

「退学処分」とは、生徒たる地位を消滅させ、在学関係を一方的に終了させるという処分です。なお、公立の小学校、中学校（併設型中学は除く）で退学処分を行うことはできません。

学校教育法施行規則26条3項では、退学処分を行うことができる場合を限定列挙してはいますが、同項4号では「学校の秩序を乱し、その他学生又は生徒としての本文に反した者」とされており、学校の裁量がかなり広く規定されています。

他方で、判例はこの規定を限定的に解しており、退学処分については、当該生徒に改善の見込みがなく、これを学外から排除することが教育上やむをえないときに限りなされるべきであって、特に慎重な配慮をなすべきだとし、安易に退学処分は行えないという解釈を示しています。

退学処分を行うに当たっては、生徒の処分歴、過去の問題行動の有無やその内容、学校が生徒に反省を促す措置を取った回数・内容、生徒自身の反省の有無などを検討し、やむを得ない場合に限り認められると考えるべきです。

2 自主退学勧告

「自主退学勧告」は、生徒自ら退学をするように促す教育的措置です。

学校側の一方的意思表示によって生徒の身分を失わせるも

のではないという点が、退学処分とは異なります。「2週間以内に退学届けを出さなければ退学処分にする」というように期限が付されてなされることもあります。

　自主退学勧告の違法性判断に際して、自主退学勧告が生徒の身分喪失につながる重大な措置であることから慎重な考慮が要求されることを前提に、「裁量権の範囲内」か否かの判断枠組みが用いられたケースもあります。

　また、具体的態様によりますが、自主退学勧告が行われたことによって生徒が退学届を出さざるをえない状況に陥った場合、実質的な退学処分と判断されることがありえます。今後、自主退学勧告の違法性が争われた場合に、退学処分の判断枠組みが参考にされるケースも出てくるでしょう。

　「自主」であるから確実に免責されると考えることは早計です。生徒の人生に多大な影響を与えることを踏まえ、慎重な判断が求められます。

3　原級留置処分

　「原級留置処分」は、いわゆる留年を指しますが、実は法律上の直接の規定がありません。

　原級留置処分は、懲戒処分ではなく学校教育法施行規則57条（中学では79条、高校では104条1項で準用されています）を根拠とする教育的な処分と位置付けられます。

　この処分も児童・生徒の進級・卒業を遅らせるという点で、児童・生徒に多大な不利益を与える処分です。また、学校によっては自動的に退学の効果を生じさせることにもつながる処分です。

判例は、原級留置処分についても、退学と同様、慎重な配慮を要すると判示しています。

4　停学処分

「停学処分」は、当該生徒の修学の権利を一時停止する処分です。公立私立を問わず小学校・中学校では行えません。

裁判例では、比較的緩やかに裁量の範囲内と判断されています。ただ、無期停学やそれに類する長期の停学は、生徒の権利を大きく制限するものとなるため、慎重な検討が必要です。実質的内容が退学処分に匹敵すると言える場合には、退学処分の判断枠組みに準じて議論される可能性があります。

なお、停学処分の変形として、「自宅謹慎」という制度があります。その多くは、児童・生徒や保護者の了解を得た上で、一定期間学校に出席せず自宅での反省を促す教育的な指導とされています。

しかし、実質的には学校側の意思表示のみによる一方的な処分であると評価される場合は、懲戒処分としての停学処分であると判断されることもあります。その場合、小学校・中学校では当該処分を行っただけで違法となります。また、高校においても停学処分の判断枠組みに沿って判断されることになります。

5　出席停止処分

停学処分と類似する制度として、学校教育法35条で定められている「出席停止処分」というものがあります。

同条は「市町村の教育委員会は、……性行不良であって他

の児童の教育に妨げがあると認める児童があるときは、その保護者に対して、児童の出席停止を命ずることができる」と規定しています。同条第1項各号に性行不良の具体例が列挙され、「学校教育法第35条第1項の規定による出席停止の命令の手続に関する規則」においてさらに詳細な手続きが規定されています。

この制度は、本人に対する制裁を目的とするものではなく、懲戒処分ではありません。学校の秩序維持や、他の児童・生徒の教育を受ける権利を保障することを目的とするものです。また、当該処分の対象は「保護者」です。停学処分と異なり、小学校や中学校でも行うことができます。

出席停止処分を行うには、当該児童・生徒本人が性行不良であること及び他の児童・生徒の教育に妨げがあることが要件となっています。

問題行動を行う児童・生徒に対し、学校側ができうる限りの対応を行ってもなお解決できず、学校の秩序維持が困難であって、他の児童・生徒の教育を受ける権利が保障できないと判断される場合に検討されるべき手続きです。

Ⅲ　SLにできること

懲戒処分の適法性は「裁量権の範囲内」か否かにかかっています。

特に放校処分は裁判で争われることが多く、過去の裁判例で示された多様な考慮要素を踏まえた判断が必要となります。

まず、処分を支える事実を確定しなければなりません。そもそも重大な事実誤認があれば基本的に裁量の逸脱と判断さ

れます。続いて、行為の軽重、児童・生徒の性格・平素の行状、他の児童・生徒に与える影響、当該処分の効果など判例が示している具体的考慮要素を検討する必要があります。

　加えて、裁判例で議論される特別な考慮要素を検討する必要があります。校長の不正を暴いた生徒に対する意趣返しとして過去の不問にした事実を引っ張り出してきている場合など、懲戒にあたり別の不正な動機がある「動機の不正」、生徒の美醜や障がいなど懲戒処分の考慮要素にしてはならない事実を考慮する「他事考慮」、同級生に暴力を振るったのはいじめられていた生徒を助けるためだったのにその事情を一切考慮せず懲戒する場合など、本来考慮すべき事実を考慮しない「考慮不尽」、男性は妊娠させても退学にしないのに、女性は一律に退学にするなど、性別によって取り扱いを異にする「平等原則違反」など、裁判例では、憲法の理念などに照らした特別の考慮要素が検討されます。

　事案によっては、学校が考えている懲戒処分が法的に見て適切か否か微妙なケースもあると思います。SLは、その事案に関し学校が考えている処分が適切か否かを、各種通知・ガイドラインや過去の裁判例などを参照し法的な視点からアドバイスすることが可能です。

　なお、そもそも、違法な校則に基づく懲戒処分は違法となります。校則などの適法違法の判断については、本章第9話を参照してください。

Ⅳ　事例の検討

　女子生徒の妊娠を理由に、学校側が自主退学を迫る例が散

見されます。高校中退はその後の就職などに大きく影響することから、母子の貧困化につながりかねません。

　教育機関として、安易な自主退学勧告を行うべきではありませんし、むしろサポートする体制づくりを進めるべきです。

　事例においても、辞めたくないと主張するBに対し、A高校は自主退学を強く迫っています。1週間という期限内に自主退学をしなければ退学処分をするとちらつかせているのも、Bが自主退学せざるをえない状況を作りあげています。A高校の自主退学勧告は実質的な退学処分とみなされる可能性があります。

　実質的な退学処分とみなされた場合、Bに改善の見込みがなく、Bを学外から排除することが教育上やむをえないときにあたるのかが検討されます。

　「妊娠をした」との一事をもって、性非行などの性行不良で改善の見込みがないとか、学校の秩序を乱したとか、学生又は生徒としての本分に反したなどといった、退学処分の要件に該当するものとは言えません。具体的に本事例をみても、Bが交際相手と性行為に及んだことは認められるでしょうが、それだけでは性非行といった退学処分の対象となるような事実だとは言えません。

　Bのその他の言動も退学処分の根拠とはなりません。校則で禁止される化粧をしたことや多少のトラブルを生じさせたことだけで退学処分とすることは裁量の逸脱・濫用と評価されるでしょう。また、実際は妊娠を理由とするものとして、「他事考慮」と判断される可能性もあります。本件自主退学勧告は違法であると判断される可能性が高いと思われます。

第 14 話　不登校

> 公立のA中学で、冬休み明けからBが不登校になりました。担任がBや保護者と連絡をとり、登校を促していますが、学校に来ないままひと月が経過しました。どうやら不登校の理由は、授業についていくのが大変で、自信を失ってしまったことにあったようです。学校として、今後、どのように生徒をケアしていくべきかを検討しています。

I　不登校の法律問題

1　不登校の定義

　不登校とは、「何らかの心理的、情緒的、身体的あるいは社会的要因・背景により、登校しないあるいはしたくともできない状況にあるために年間30日以上欠席した者のうち、病気や経済的理由による者を除いたもの」とされています（文科省）。

　これによると、例えば毎週1日休む場合でも、それが合計30日となれば、不登校に該当します。一般的に考えられているよりも広く不登校を捉えることで、不登校の兆候を早期に捉え、対策をとることを可能にしています。

2 義務教育と不登校の関係

(1) 就学義務との関係

子にとって教育を受けることは「権利」であり、義務ではありません。「すべて国民は……教育を受ける権利を有する」と定める憲法26条からも明らかです。「義務」教育の「義務」は、保護者に課されるもので、子を就学させる義務のことです（学校教育法16条、17条）。

児童・生徒が「正当な理由」なく教育を受けていない場合、保護者に対し就学義務履行督促（学校教育法施行令21条）が出されることがあります。保護者がこの督促を受けてなお生徒を出席させない場合には、罰則（10万円以下の罰金）が設けられています。

これに対し不登校は、出席しないことの「正当な理由」に該当します。この不登校には、子どもが学校に行く気持ちがわいてこないといった理由のものも含みます。保護者が登校を妨げた結果として登校ができていないと認められる状況でもない限り、子どもの不登校を理由に保護者が督促や罰則を受けることはありません。

(2) 学年制と不登校

日本の義務教育制度は、学年制をとっています。出席日数が少ない場合、学校教育法施行規則57条、79条の文言上は原級留置処分（いわゆる留年）ができなくはありません。しかし、実務上、不登校によって強制的に留年とする扱いとはなっておりません。

運用として留年させないことが通例です。したがって長期欠席をしたとしても、1年経てば自動的に学年が1つ上がる

ことになります。保護者が留年を強く希望する場合に認められることはあるものの、従来の制度では、不登校児童・生徒が留年して学び直すことが想定されておらず、一度不登校となると、その期間の学習の機会を回復することができないという問題がありました。

3　教育機会確保法の成立

これまでの不登校支援は、「学校には行かなくてはならない」「学校に行けない児童・生徒は、学校に行けるようにする」という考えのもとで行われていました。児童・生徒をいかにして学校に復帰させるか、という点に支援の主眼が置かれ、学校外の学習活動は消極的に評価されていました。

この考えを大きく転換させたのが、2017年2月に完全施行された「義務教育の段階における普通教育に相当する教育の機会の確保等に関する法律（通称：教育機会確保法）」です。

教育機会確保法は、不登校児童・生徒に対する教育機会の確保を目指した法律です。従来型の「学校復帰型」の強化も重視しつつ、①学校外の場（フリースクール等）における学習活動の重要性を認めたこと（13条）、②不登校児童・生徒の休養の必要性に言及したこと（同条）、③学校外の場（フリースクール等）との連携体制の強化に努めるとしたこと（20条）という3つの点が盛り込まれたことが重要です。

必ずしも学校に行かなくてもよい、休むことも必要である、フリースクールなど学校外の団体による学習の機会を積極的に肯定し、連携を強化していくということを、国が法律によって認めたのです。従来型の「学校復帰型」の支援だけでは

なく、より多様かつ実効的な教育機会の確保が進むことが期待されます。

なお、当初の法案では、学校以外（フリースクール・自宅学習など）も義務教育として認めるという、さらに一歩踏み込んだ内容でしたが、この部分は国会の審議の過程で削除され、現在の内容となっています。

Ⅱ　学校による不登校児童・生徒への支援のあり方

1　不登校原因の把握

不登校の原因は多種多様です。複数の事情が複雑に絡んでいる場合も少なくありません。同級生からの聴き取りや家庭訪問を根気強く行うなどして、想定される原因を把握することが出発点となります。仮にいじめに基づくものと考えられる場合には、いじめ防止法上の不登校重大事態（法28条1項2号）に該当することになります。この場合には同法に基づく特別な対応が必要になります。

また、学習状況についても、定期的に把握をしておく必要があります。

2　学校における支援

不登校の児童・生徒には、学校全体で支援を行うことが必要です。その際、支援の目的は児童・生徒の学習機会の確保にあることを共通認識とし、対応を進めていくべきです。安心して登校できる学校の環境づくりも重要ですが、通学が唯一の選択肢ではないことも示し、学校に行かないことが悪いことではなく、時には休むことも重要であること、学びの場

は選べることを伝えていくことが必要です。教育機会確保法13条も、不登校児童・生徒及びその保護者に対して、学校外の支援情報なども含めた情報提供をすべきことが定められています。

3　学校外における支援

学校外における支援として、フリースクール、適応指導教室、家庭学習が考えられます。これらの教育機会の確保も積極的に検討する必要があります。

フリースクールとは、一般的に、不登校の児童・生徒を受け入れることを主目的とした教育機関のことを言います。児童・生徒のニーズに合った柔軟な対応ができることがフリースクールの特徴です。地方自治体によっては、通っていた学校に籍を置いたまま、フリースクールに通うことで出席扱いとできるところもあるようです。ただし、フリースクールは都市部に集中しており、地方では選択肢とできないという課題もあります。

教育支援センター（適応指導教室）とは、教育委員会が設置する公立の不登校支援施設です。かつては学校復帰を主眼にし、学校に「適応」できるように「指導」する施設でしたが、教育機会確保法が制定され、文科省が基本指針を作成したことによって、従来の方向性が見直され、児童・生徒の教育の機会の確保に主眼が置かれつつある状況です。

家庭学習・自宅学習は、その名のとおり自宅で保護者などによる教育の機会を確保する方法です。現状として、不登校生徒の選択肢として大きな割合を占めています。学校として

は、定期的な家庭訪問や専門家との連携によって、状況の把握と適切な学習環境の確保を目指していくことになります。

4 専門家との連携

不登校児童・生徒の支援には、学校を上げて取り組むことが重要ですが、そのためには教職員だけでなく、SLのほか、スクールカウンセラー、スクールソーシャルワーカーのような「場の専門家」とも連携をとっていくことで、より実効的な対応ができることが期待できます。

スクールカウンセラーは、児童心理の専門家であり、臨床心理士の資格者などが担っています。児童・生徒個人へのカウンセリングなどを通して心理状況を把握や、児童・生徒のケアを行ったり、適切な対応方法についての助言や、専門医療機関への仲介などが役割となります。

スクールソーシャルワーカーは社会福祉士や精神保健福祉士の資格者などが担っています。スクールソーシャルワーカーは、児童・生徒個人ではなく、とりまく「環境」を整える専門家であり、関係者同士の連携・仲介・調整などが役割となります。学校と学校外の専門機関との連携についても、スクールソーシャルワーカーの能力が発揮される場面といえます。

SLは、これらの専門家と連携しつつ、後述のような形で、不登校生徒の支援に関わっていくことが望まれます。

Ⅲ SLの活用例

事例においてA中学としては、Bの不登校の原因を把握

する必要があります。そのためには、まずは教職員による対応となると思われますが、法律家としての経験をもとに、SLが他の専門家と連携の上で、違う角度からの聞き取りを行ったり、Bの抱えている問題点を発見していくことが期待されます。

　原因が把握できれば、学校としてその原因を解消していくために環境を整えていく必要があります。ここでは、スクールソーシャルワーカーの助言を得ることが有益です。本人や保護者の希望によっては、フリースクールや教育支援センター（適応指導教室）への通学も選択肢となってくると思います。Bの不登校は学校の授業ペースに追いつけないことが原因ですから、学校外学習の機会を紹介するなど生徒の視野を広げる支援が候補となります。

　とりわけ、教育機会確保法の考え方を学校内に浸透させていくことは、法律家であるSLの重要な使命といえます。学校復帰を前提とした従前の方針から法の理念が変化したことを踏まえ、具体的なケースへの対応を全員で議論し、共通認識を作っていくことが重要です。

　また、実際の不登校児童・生徒への対応についても、SLが教育機会確保法や文科省の基本指針である「義務教育の段階における普通教育に相当する教育の機会の確保等に関する基本指針」に基づいたものとなっているかのチェックや、生徒や保護者との対応にあたっての法律家の観点からの留意点を伝えるなどの支援を行っていくことが考えられます。Bがフリースクールに通うことを選択した場合には、A中学とフリースクールが緊密な連携を取るにあたり提携契約や協約

書を取り交わすことも考えられます。その場合は、契約書のレビューなどでSLが役立つと思われます。

　児童・生徒自身も、学校を休んでいることへの焦燥感、さらには絶望感を持っている場合もあり、無理に出席を促すことが逆効果となることもあります。Bの精神的負担を和らげつつ、場合によっては学校外の選択肢も視野に入れるなど、広い視点によるサポートが期待されます。

　教育機会確保法が成立したことで、不登校施策は大きく舵を切り始めました。同法の理念を踏まえ、Bにとって最適な形で学習機会を提供する方法を模索するという視点で支援を行うことが重要です。

第3章 スクールロイヤーと いじめ対策

School Lawyer

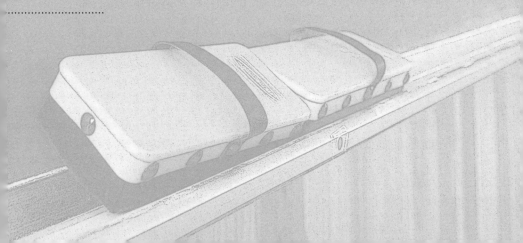

はじめに

　2013年6月、日本初のいじめに関する基本法としていじめ防止対策推進法（以下、「いじめ防止法」といいます）が成立しました。

　いじめ防止法は、いじめの予防、早期発見、重大事態の各段階において、国・自治体・学校がそれぞれなすべき施策を整理しています。そして、それぞれが課せられた役割を果たし、充実した効果を上げるために、弁護士をはじめとする外部人材を活用することを求めています。

　これまで国や自治体にはそれぞれ法律家が関与し、いじめ対策のために様々な活動をしていました。しかし、肝心の学校現場で活躍する弁護士は極めて限られていました。SLはその構図を変える力を秘めています。SLには、いじめ防止法をはじめとする様々な法の理念を現場に浸透させ、いじめ対策に成果を発揮することが期待されています。

　いじめは、一刀両断できない悩ましい社会問題です。魔法の解決策はありません。

　同じ「いじめ」という言葉でくくられるものの中には、些細なすれ違いが重なったにとどまる、「いじめの芽」と言われる初期段階から、被害者の生命・身体に危険が生じる重大事態まで幅広い段階があります。教員がどの時点でどの程度介入すべきかは千差万別です。

　また、いじめは教育現場で生じます。教育の理念は児童・生徒の健全な成長です。相互の衝突や行き違いも、適切に乗り越えることができれば教育の貴重な機会になります。もち

3-0 はじめに

ろん法律にも、コミュニティの円滑な運営や合意形成といった教育と協働できる側面は多々ありますが、他方で紛争解決やリスク管理、加害者に対する懲戒といった、教育の理念とは異なる側面も有しています。

いじめ対策においては、教育的視点と法律的視点を、バランスよくミックスさせることが重要です。ほとんどのいじめ問題は、ある状況を境に突然法律的解決が求められるものではありません。「いじめの芽」の段階から少しずつ法律的な視点を導入していくことが重要です。

法律的な思考プロセスを有する弁護士の視点を適切なタイミングで盛り込みつつ、教職員が責任をもって判断を下すことにより、学校内のコンプライアンスが実現できるうえに、教育的効果が向上することも期待できます。いじめ法はこのような効果の実現のために有効に活用されることが求められています。

本章では、はじめにいじめ防止法の概要を紹介したうえで（第1話）、いじめ予防（第2話）、いじめ発生後の初期対応（第3話）、重大事態に発展した場合（第4話）のいじめ法の枠組みをそれぞれ解説します。また第5話として、国・自治体・学校をつなぐ重要な機関である教育委員会について紹介します。いずれにおいても、いじめ防止法が学校に求めるいじめ対策の内容とSLに期待される活動を具体的に検討します。

第1話　いじめ防止法とは

I　いじめ防止法の概要

　いじめ防止法は全部で35条からなる法律です。1条の「目的」には大きく3つのことが明記されています。

　第一に、いじめが、いじめを受けた児童の教育を受ける権利を著しく侵害し、心身の健全な成長及び人格の形成に重大な影響を与え、その生命・身体に重大な危険を生じさせる恐れがあるもので、被害児童の尊厳にかかわることが明示されています。

　第二に、この法律が、いじめの防止、早期発見、対処に関する対策を定めるものであることが明記されています。いじめ対策というやや茫洋とした活動について、その本質を防止・早期発見・対処の3つに整理しています。

　第三に、いじめ対策を総合的かつ効果的に推進するために、国・自治体などの責務を整理しつつ、なすべきことを明らかにしています。

　このようにいじめ防止法は、いじめ被害は重大であり、いじめ対策として防止・早期発見・対処が重要であると考え、そのために国と自治体がなすべきことを明記したわけです。

　この目的に即して、いじめ防止法はいくつかの点で画期的な特色を備えています。

　例えば、
　　・いじめの定義を広くとらえ、早期発見の重要性を強調し

ていること
- これまで教員個人に任されてきた対応を、組織的に行うように求めていること
- PDCA サイクル（plan-do-check-act cycle）による定期的な見直しを前提とした、継続的で効果的な施策の実行が求められていること
- いじめが重大事態に発展した際の対応について特に取り上げ、様々な義務等が明記されていること

などが挙げられます。

とりわけ重要な点は、いじめについて、従来の「あってはならない」ものというイメージから、「どの子どもにも、どの学校でも、起こりうるもの」というイメージに転換したことです。

このことは、いじめ防止法が定めるいじめの定義に表れています。いじめ防止法は、いじめの定義を「児童等に対して、当該児童等が在籍する学校に在籍している等当該児童等と一定の人的関係にある他の児童等が行う心理的又は物理的な影響を与える行為（インターネットを通じて行われるものを含む。）であって、当該行為の対象となった児童等が心身の苦痛を感じているものをいう」（2条1項）と定めています。この定義は、2006年に変更された文部科学省のいじめの定義を踏襲したものです。これ以前、いじめは「一方的」かつ「継続的」で「深刻」な行為に限定されていました。定義が広くされた最大の理由は、いじめの早期発見を促進し、対策に繋げることにあります。従来の定義では、いじめは「一方的」「継続的」「深刻」なものに限られますから、いじめの認定は教職員の

管理能力の問題に直結する恐れがありました。そのため、多くの学校がいじめの認定・報告に消極的であったと言われています。2006年以降の定義では、いじめはどの学校にも必ず起きることとなります。定義と平仄を合わせるために、いじめ防止法では、学校・教員評価について、いじめの有無や多寡のみではなく、未然防止措置やいじめ発生後の対応などの取組みを評価する方法を採用しています（34条）。

このように、いじめ防止法の下では、いじめと認定することにより管理上の責任を認めたということにはなりません。むしろ、いじめ防止法は、いじめの認定を怠ったり、対策を怠ることを厳しく戒めています。将来の損害賠償責任を恐れ、いじめと認定しないことは逆効果となりかねません。この点は是非ご注意ください。

法律が施行されて5年が経ちました。いじめが起きることは異常なことではない、という感覚が少しずつ広がりつつありますが、法の理念の実現はまだまだ道半ばです。2016年11月の文部科学省の調査でも、学校現場の試行錯誤が続いていることが窺われます。これからも、自治体・学校・保護者、そして社会全体で、新しいいじめのとらえ方を共有していくことが期待されます。

II　SLといじめ防止法

いじめ防止法は、これまで曖昧であったいじめ問題に関する各関係者の義務を明確にするなど、画期的な内容です。今後のいじめ対策の核となることが期待されていますが、施行後5年以上が経過した現在においても、自治体や学校におい

て、必ずしも十分な体制が整っているとは言い難い状況です。その大きな要因の1つが、マンパワーの不足です。

　いじめ防止法は、学校・教職員に、組織の設置、年間計画の策定、情報共有など多様な対応を求めています。これらの対応には、教育現場とは文化や思考方法が異なる法的な視点も求められます。日々の教育を職務の中核とする現場の教職員のみで対応することは、時間の点からも専門性の点からも困難といえます。

　SLには、この問題の解決を担うことが期待されています。SLが日常的にいじめ対策に関わることにより、例えば、いじめ予防規則を中核とするガバナンスづくり、記録管理・情報共有体制の構築、一般企業と同様のコンプライアンス体制の構築などを進めていくことができます。また、児童や保護者との関係においても、いじめ防止授業などを通じた啓発活動など、いじめ対策に関する空気作りに貢献できます。さらに、学校設置者との関係では、SLの経験・知見をフィードバックして、基本方針の改定、新たないじめ防止対策の提言などを行う役割を担うことも可能になります。また、重大事態が発生した場合の対応との関係でも、調査委員会が立ち上がるまでの対応などは専門的知見をもって慎重に行われる必要がありますから、SLが果たすべき役割は大きなものとなるでしょう。

　以下においては、SLに期待される具体的な活動について、予防の場面、初期対応の場面、重大事態の場面に分けて、学校現場で求められるいじめ対策の内容とともに紹介します。

第2話　いじめ予防

I　はじめに

　いじめ予防に関するSLの役割の中核は、「いじめの共通認識」を作るためのサポートです。「いじめの共通認識」は、①「いじめ」の定義に関する共通認識と、②いじめの対処法に関する共通認識に整理できます。

　まず①については、どのような行為が「いじめ」なのか、何故そのように考えるのかという点を、教職員のみならず、保護者や児童・生徒、地域住民などのすべての関係者の共通認識としなければなりません。各自の経験則から「この程度であればいじめではない」などと判断してしまうと、いじめを見過ごし、重大化を招く危険性を高めてしまいます。

　すべての関係者が、テレビドラマやニュースで見るような過激な行為だけではなく、相手が心身の苦痛を感じるような行為を広く「いじめ」と認識することにより、早い段階でいじめが認知されます。必ずしも過激な行為ばかりを指すわけではないのですから、いじめをタブー視したり、過剰反応したりすることも抑えられます。

　また、②については、「いじめ」が発生した際の対処法やその趣旨をすべての関係者に対して事前に明確にしておくことで、対処する教職員の迷いをなくすことができます。児童・生徒や保護者も、有事の際にどう行動すべきか、どのように対処されるかを理解することで、安心して学校生活を送るこ

とができるでしょう。いじめ発生時の教職員の対応の進め方や方針に対しても納得を得られやすくなります。これは結果として、いじめ発覚後の関係者同士の感情的な対立を抑えることにも繋がります。

現実に「いじめ」が発生してしまうと教職員、児童・生徒、保護者、地域住民などの各関係者は、その立場の違いから、負う役割や責任、着目するポイントや感じ方が大きく異なります。そのため、些細なすれ違いから大きな感情的対立が生じることも稀ではありません。

ですから、SLは、いじめ発生前の予防の段階から「場の法律家」として、各関係者の立場に配慮しつつ、時には相互理解を促しながら活動していくことになります。

以下、教職員、児童・生徒、保護者、その他の関係者に分け、それぞれに対するSLの具体的な活動例を紹介します。

Ⅱ 教職員に向けた活動

1 活動の概要

教職員に向けたSLの活動の中核が、いじめ防止法の理解を促すことにあることは言うまでもありません。

いじめ予防のためには、単に法律の条文を紹介するだけではなく、いじめ防止法の理念、趣旨及び内容を実際の学校の体制や教職員の行動に浸透させることが重要です。

校内研修などを通じて多くの教職員にいじめ防止法の存在や内容が理解されつつあります。ただ、法施行後の重大事件を調べてみると、「いじめ」の定義を独自に解釈して重大事態を見過ごしてしまったり、いじめ防止法が求める「いじめ

防止等の対策のための組織」(22条に規定されていることから、「22条組織」と言われます)を校内に設けてはいるものの名ばかりで全く機能していなかったりするなど、法の理念が具体的な運用に落とし込まれていない事例が散見されます。

　学校は、SLに対し、いじめ防止法の条文解説などにとどめることなく、いじめ防止法の「積極的な活用方法」に関する啓発活動や、ガバナンスの整備とそれを反映した実効的ないじめ防止基本方針の策定といった具体的な体制の整備などを委託することができます。これらは、有機的に連関させながら、同時並行で行うことが効果的です。

2　教職員を「守る」ためにいじめ防止法を活用する

　いじめ防止法は、「教職員に負担を課すだけのもの」と誤解されることがあります。また、重大事態が起きた際、マスコミが法律の条文を引き合いに教職員の落ち度を責めたてる例などもあり、現役教職員の中には同法に良いイメージを抱いていない人もいるようです。

　しかし、いじめ防止法は決して教職員を攻撃するためのものではありません。むしろ、いじめ問題について、一人で抱え込まず組織として対策すべきことを強調する点で、個々の教職員を「守る」ものです。SLには主導的に学校全体のガバナンスを整備し、いじめ防止法を「活用」するという視点を提示することが期待されます。

　なお、当然のことですが、「教職員を守る」というのは、生徒や保護者を対立当事者として位置づけ、教職員の代理人となってガードするという趣旨ではありません。適切なガバ

ナンスを構築し、組織としていじめに対応することで、教職員が個人攻撃を受けたり、個人として責任を押し付けられないようにするという趣旨です。教職員がより円滑に「生徒たちの安全を確保する」という最も優先すべき業務を行えるよう、SLが法律面からサポートすることを意味します。日本の教職員は、保護者対応や授業準備以外の雑事などに日々追われており、世界一の長時間労働をしているといわれています（経済協力開発機構〔OECD〕「国際教員指導環境調査」より）。そうした教職員を守り、サポートすることは、SLに求められる大きな役割の1つです。

3　情報共有のメリットを提示する

いじめ防止法は学校に対し、情報共有体制の構築を求めています。いじめを予防するという主目的のみならず、教職員を「守る」ためにも、情報共有は重要です。

例えば、生徒の連絡帳に「いじめられて辛い」などと記載されていた場合、担任の教職員は生徒から話は聞くものの、直ちには管理職の教職員や保護者に連絡せず、しばらく様子を見ることもあるようです。

大事（おおごと）にしては生徒がかわいそうだという気持ちがあるのかもしれません。また、学級担任制を採用している日本においては、「担任は一人で学級運営ができて一人前」といった価値観もいまだにあるようで、誰かに報告したり相談したりすることに抵抗があるのかもしれません。

しかし、誰にも報告しないということは、その問題に対処しうる者がその教員「だけ」という状況を自ら作り出すこと

になります。万が一のときはその教員だけが責任を負うことにもなりかねません。「自分の身を守る」という視点からすれば、いじめの可能性を認識した時点で「念のために報告しておく」という姿勢はとても重要です。

　当然ながら、生徒を守るという視点からしても、情報共有は必要不可欠です。早期に保護者や上司に報告することで、多くの大人たちが様々な立場からその生徒を見守ることができます。

　情報共有が教職員の身を守ることに繋がり、また児童・生徒にとってもメリットが大きいという意識を学校全体で共有することで、学校を「情報共有しやすい空気」にしていくことが可能になります。それは結果として、教職員の情報共有体制構築のモチベーションを上げることにも繋がるでしょう。

4　情報共有体制構築をサポートする

　SLには、学校ごとの個性に応じて適切な情報共有体制を選択しその構築をサポートしていくことが期待されています。多くの学校に共通する重要な体制としては以下の点が挙げられます。

① 　いじめの定義等の再確認の機会の確保

　定義に関する認識が曖昧だと「何を報告すればよいか」も曖昧になってしまいます。法律や国の基本方針、文科省から出される指針などを参照しながら定期的に事例研究を行うなどして、どのようなものが「いじめ」に該当するか、いじめに該当した場合はどう対処するかを全職員で検討し合い、共通認識をアップデートしていく機会を確保します。

② 情報共有フローを備える

「気になること」があったら、誰にどのような方法で報告し、どのようなルートをたどって22条組織に集約されるかをあらかじめ整理します。このフローはできるだけシンプルな構造にし、その大枠を学校いじめ防止基本方針に明示することが望ましいでしょう。

③ 共有する情報内容

「気になること」があった場合、共有する内容を具体的に定めておく必要があります。

内容は、いつ、どこで、誰が、誰に対し（または何に対し）、どのような行為を行ったのかを、簡単に記載し、振り返ることができるものである必要があります。詳細な記載を求めて、無駄な事務作業を増やしてしまっては、本来のいじめ対策にかける時間が少なくなり本末転倒です。簡潔性と効率性を重視しましょう。

④ 共有した情報の記録

後で振り返ることができるよう、共有した情報を記録に残すシステムも必要です。専用のアプリやシステムを導入している学校もあるようです。全職員が閲覧可能な共有フォルダに保存する方法もあります。万全のセキュリティのもと、コンピュータを活用して、入力・閲覧・分析に便利なシステムを構築することが期待されます。

問題の大小にかかわらず、朝の職員会議などで口頭による情報共有を行い、文書による記録を残さない学校も少なくありません。しかし、これでは、後の検証を困難にします。また、児童・生徒の進級や担任交代を経て、情報の正確性が薄

れていきます。

　昨今、公文書管理問題が話題です。記録の保存は適正な組織運営のために不可欠です。学校においても、適切な情報保存・共有の徹底が求められています。

5　学校いじめ防止基本方針を適切に活用する

　いじめ防止法は、すべての学校に対し、学校の実情を踏まえ、いじめ対策に関する基本方針を定めることを求めています（13条）。学校いじめ防止基本方針（以下、「基本方針」といいます）は、学校のいじめ対策の理念、方針、具体的な施策などを定める上で、最も重要なものの1つです。SLには、基本方針の適切な活用法を提案することが期待されますが、その前提として、以下の点を意識する必要があります。

① 　いじめ対策をブラックボックス化させない

　教育現場では、教職員が適切に行動することこそ重要であり、基本方針は形式的なもので構わないと考えられてしまうことが少なくありません。これは危険な考え方です。基本方針をないがしろにするべきではありません。基本方針に具体的な対策を明示しないということは、教職員以外の第三者がいじめ対策の適否を検証できないこと意味します。特に、22条組織が機能していない場合には、担当の教職員以外は担当クラスのいじめ対策の内容を把握できない事態に陥ります。これではいじめ対策をブラックボックス化してしまいます。また、検証を避ける目的で明示しないのではないかと無用な邪推を招くおそれもあります。

　自校のいじめ対策の実態を正確に反映した基本方針を公表

し、児童・生徒や保護者による検証を容易にすることが大切です。

② 関係者同士の無用な衝突を避ける

　基本方針は、いじめが発生したときの対処法をあらかじめ明示する役割を担っています。平時からその内容をきちんと関係者に共有していれば、実際にいじめが発生した場合、学校が基本方針に沿った対応を行っている限り、無用な不信感を抱かれる可能性を抑えることができます。

　特に、基本方針の作成または改訂の過程で児童・生徒や保護者の意見が反映されている場合は、基本方針への理解が深まり、無用な衝突を避けられる可能性が高まります。保護者をはじめとする全関係者が納得する内容の基本方針の作成が理想形であり、基本方針改訂の際には、積極的に児童・生徒や保護者からの意見を募った方がよいのです。

　加えて、基本方針の内容が適切に整理されていれば、実際にいじめ対応を開始した際、基本方針のどの部分に沿って対応しているのか、今どの段階なのかということを、基本方針を示しながら冷静に説明していくことができます。こういった姿勢は、学校の真摯かつ公平な対応を示すことに繋がりますから、関係者同士が感情的に対立してしまう事態も避けることができます。

　学校の活動を適切に基本方針に盛り込み、保護者などに周知徹底していくことが、結果として学校の風通しをよくし、全関係者の利益に繋がります。

6　基本方針の活用の際の注意点

　基本方針を作成する際には留意しなければならないことがあります。それは学校の言動と一致させることです。

　例えば、実際の基本方針の中に「いじめの認知後、直ちに調査委員会を立ち上げる」といった記載が見られることがあります。しかし、「いじめ」の定義はかなり広いわけですから、認知したいじめ全てに対して調査委員会を立ち上げるなど、およそ現実的ではありません。こうした記載は後のトラブルに繋がりかねません。

　真摯で具体的ないじめ対策を実施するためには、基本方針に記載した内容が実現可能でなければなりません。22条組織において、基本方針が実態と整合しているかを常に確認する必要があります。

7　基本方針の活用は学校のガバナンスの象徴

　基本方針の作成・修正は、学校の適切なガバナンス構築の象徴です。その過程において、様々な"校内の仕組み"について関係者間で議論されるはずだからです。

　例えば22条組織1つをとってみても、誰の権限において、どのような条件で招集され、どのように議事進行をしていくのか、そもそも22条組織は何ができるのかなど、定めるべきことはたくさんあります。こうしたことを意識し、議論し1つひとつ文言を作り上げていくことでガバナンスが構築されています。

　教職員とSLが協力して個別具体的に検討すると、必ず様々な要望やアイディアが出てきます。SLが法律家として、要

望やアイディアを適切な文章に起こす過程で、その学校の個性に合った"仕組み"の形が見えてきます。

例えば、管理職が、保護者同士の激しい感情的対立の間で担任個人が板挟みになってしまう事態を懸念していたとします。

この不安を和らげる方法としては、22条組織の権限をやや強め、それを基本方針に明示することが考えられます。具体的には、いじめのおそれがあるなど一定の条件を満たした場合に、当事者の申立ての有無にかかわらず校長の権限で臨時の22条組織を招集し、22条組織が事実調査などを実施して、その内容や結果に関する説明などの保護者対応は、すべて担任個人ではなく組織のメンバーが複数名で行うようにします。また、対応を担当するメンバーに心理の専門家であるスクールカウンセラーを加えることなども考えられます。こうしたことを基本方針に明記し、あらかじめ保護者にも内容を周知徹底すれば、保護者に無用な不信感を抱かせません。

このように、基本方針という題材をきっかけに、教職員とSLが協力関係を築きながら、適切なガバナンスの構築を実現することが可能になります。

8　いじめ対策は学校ごとにどんどん差が出ることに

これまで述べてきたとおり、学校のいじめ対策の中核は基本方針です。基本方針は、その内容はもちろん、適切に関係者の意見を取り入れているか、変更の際に事前告知がなされているかといった制定過程が外部から確認されることとなります。基本方針の内容が適切に実践されているか、PDCA

サイクルが回っているか、組織的な対応がなされているかなどは学校の評価に直結します。SLをうまく使いこなして基本方針を活用する学校とそうでない学校では、いじめ対策のみならず、様々な面でどんどん差が開いていくことになるでしょう。

　ガバナンスがしっかりしていない組織は、コンプライアンスだけでなく、事務の効率もおろそかになります。学校の本質は教育業務にあります。子どもが安全・安心して学ぶ環境を構築しながら、子どもの健全な成長をサポートする、という最も重要な業務に専念するために、適切なガバナンスが求められています。その一歩として、SLを活用することが望まれます。

Ⅲ　生徒に向けた活動

1　はじめに

　児童・生徒に向けたSLの活動の中心は、いじめ予防授業をはじめとする啓発活動です。また、基本方針に児童・生徒の意見を取り入れる際に、意見集約をして基本方針に文言を反映させることや、生徒会など成文化を担当するメンバーがいる場合はそのサポートを行うことも考えられます。

　その他にも、学校の実態や状況に応じてSLには様々な関わり方が可能ですが、以下においては、中心的な活動となるいじめ予防授業についてご紹介します。

2　授業の位置づけと獲得目標

　いじめ予防授業は、生徒間に「いじめの共通認識」を作る

ためのツールです。これによりいじめが発生したときに教職員が対応しやすくなるような「下地」が作られます。下地として期待されるものは以下の3点です。

　第一にいじめの定義を明確にすることで、クラスのいじめへの感度を高めることです。第二に、いじめに気付いたときに行動できる生徒を増やすことです。第三に、SOSを出せる機関（担任の先生、22条組織の窓口、外部の電話相談、LINE相談機関など）を周知することです。

　なお、年に数回に限られるSLの授業だけで、いじめが劇的に減少するといった直接的な効果はそれほど期待できません。もちろん、「弁護士が授業をする」という点でそれなりのインパクトはありますが、あくまで一時的な効果にとどまると捉えた方がよいでしょう。

　SLの授業の主な目的は、法的視点を通じて生徒間に3つの「下地」を形成することです。その後、その共通認識を定着させたり、より実践的なものにしたりしていくことは、クラスの運営に委ねられます。

3　"解くべき誤解"

　まれに、SLの授業に関して世間や教育現場から弁護士の本質とは異なる役割を期待されることがあります。いじめ予防授業に限らず、SLの教育現場での在り方にも関わる問題ですので、ここで強調して述べておきます。

　一時期、あるTwitterの投稿が話題になりました。その内容は、弁護士の行ういじめ予防授業に関するもので、「いじめを行ったら損害賠償請求されたり、刑事罰が科されたりす

ることを説く内容であったことに、投稿者が大変感銘を受けた」という趣旨のものでした。これには、多くの賛同の声が上がりました。こういった「社会の仕組み」を生徒たちに教えることこそが、弁護士がいじめを語る意義だというのです。

　弁護士によるいじめ予防授業について、こうした切り取り方を行う世間の風潮には、その前提に２つの大きな"解くべき誤解"があると考えます。

　まず、弁護士の使命は、基本的人権の擁護であって、法の威を借りて子どもたちに言うことをきかせることではありません。

　次に、いじめをやってはならない理由は、刑事罰などのペナルティが課されるからではありません。個人の尊厳が傷つけられるからです。いじめ法１条には、いじめが、「いじめを受けた児童等の教育を受ける権利を著しく侵害し、その心身の健全な成長及び人格の形成に重大な影響を与えるのみならず、その生命又は身体に重大な危険を生じさせるおそれがあ」り、「児童等の尊厳を保持する」ためにこそいじめ対策が必要であると明記されています。ペナルティを強調することはいじめ問題の本質を見誤らせることになります。実際、ペナルティは見つからなければ課せられませんから、見つからなければやってもよいという考えにつながります。加えてこの考えは、現実的には損害賠償や刑事罰といったペナルティを課せられない、軽微ないじめを見過ごしたり、いじめと認知しない対応にもつながります。"いじめの芽"の段階から早期に発見し対策を促すいじめ防止法の理念とも整合しません。

　損害賠償や刑事罰の対象とならなくてもいじめを行っては

ならないことを、子どもたちに腑に落ちるようにどう理解してもらうかが重要になります。こうした"誤解"を1つずつ解いていくこともSLの役割といえるのかもしれません。

4　授業の概要

いじめ授業の方法としては講義型・ワークショップ型・体験型など様々なものが考えられます。

目的はいじめの共通認識を形成することですから、その目的を達成するために最もよい方法を、教職員とSLが一緒になって考えることが期待されます。

学校や学年の雰囲気はそれぞれ異なります。大学入試改革などの影響を受けて「授業」というものの捉え方自体もどんどん変わっていっています。また、道徳の教科化との関係も考えなければなりません。

SLには、そうした状況を踏まえつつ、適宜その学校、その学年、そのクラスに合わせた内容にできるよう、常に授業をブラッシュアップしていく姿勢が求められます。

なお、本書の執筆陣が所属するナビが実践する予防授業の詳細は、第4章でご紹介します。

5　児童・生徒の自主的な活動を支援する

いじめ防止法では、学校の役割として「学校に在籍する児童等が自主的に行うものに対する支援」（15条2項）がうたわれています。SLには、児童・生徒の自主的ないじめ対策を法律面で支援することが期待されます。主に想定される活動としては、前述したとおり、基本方針の策定や見直しに際

し、児童・生徒が自主的に関わる際の支援です。

また、地域の弁護士会が主催する模擬裁判の準備の支援や裁判傍聴の付き添い・解説なども期待されます。

Ⅳ　保護者に向けた活動

1　事前に共通認識を作るために

「いじめの共通認識」を形成するという SL の役割は、保護者に対しても期待されます。いじめ防止法の研修を行うなどして、共通認識の形成に資する啓発活動を行うこととなります。

なお、保護者向けにいじめの研修を行うとなると、学校が深刻な問題を抱えているように誤解されるのではないか、学校が弁護士を使って保身に走っていると思われるのではないかといったことを心配するかもしれません。

しかし、保護者はいじめの当事者となりうる重要な関係者ですから、教職員や児童・生徒と同様「いじめの共通認識」を共有することは不可欠です。実際に問題が起きた際に、共通認識に基づく対処を進めるうえでも、保護者との共有は欠かせません。

PTA と協力して研修会の主体を PTA にするなど、方法を工夫することが望まれます。保護者に研修の必要性を説くこと自体も SL の役割です。率直に学校の意向を SL と共有することが望まれます。

2　具体的な啓発ポイント

いざ問題が生じたときに、感情的に最も対立しやすいのは

保護者同士です。対立を整理する指針として、平時からいじめの共通認識を深めておくことが重要です。

第一に、いじめ防止法の解説は必須です。保護者の「いじめ」の認識が、テレビドラマやニュースで見るような過激なものに限られていると、被害者・加害者を問わず、実際に我が子の「いじめ」を指摘されたときに激しく動揺したり抵抗したりすることが予想されます。

法の定義が広いのは予防のためであること、いち早く対応することが目的であり、仮に「いじめ」を指摘された場合でも過剰に反応せずに教職員に協力して欲しいことの2点を理解してもらうことが大切です。

第二に、基本方針には、前述の通り、学校がいじめにどう取り組むか、いじめが起きたときにどう対応するかが記載されています。保護者には、あらかじめ内容をきちんと理解しておいてもらわなければなりません。さらに、基本方針は、学校が一方的に定めるのではなく、保護者の意見を積極的に集約することが求められます。基本方針策定のワークショップなどをすることで、基本方針に対する保護者の理解が進みますし、よりよい基本方針とするためのアイディアも出てきます。

第三に、SLには、いじめ防止法の解説を超えて、実体験などを踏まえ、発生後の当事者に予想される心の動きを具体的に説明することなども期待されます。当事者間では感情的対立が生まれやすいことや、そうした対立が予想されるからこそ、あらかじめ解決の方針を話し合ったり、共通認識を作ったりすることが重要であると理解してもらうことが大切です。

V　その他の活動

　多くの学校は、地域の方々の力を借りて運営されています。いじめの早期発見の可能性をより高めるためにも、地域の関係者の方々に対しても啓発活動などを行っていくことが期待されます。たとえば、SL が地域の方向けのセミナーをすることなどが考えられます。

　また、SL には、いじめ対策をより良いものにしていく方法を考え続けることが望まれます。教育に関する研修などに参加して研鑽を積むというだけではなく、研究者や NPO、マスコミ関係者など、法律家以外の多くの人々と関わり、議論することで、得られた知見を学校に持ち帰り、常に実効的ないじめ対策を実施することが求められます。

VI　小括

　SL は、学校に関わる全ての人々に「いじめの共通認識」を作るために中核的な役割を担っていくことが求められます。これは、結果としていじめの予防や重大化の防止に寄与するといえます。

　実際、ナビを活用した学校からは、「いじめの問題をオープンに語ることができるようになってきた」、「生徒たちが相手の苦痛に真摯に向き合うようになってきた」という意見が寄せられています。

　いじめについて様々な意見や考え方がある中、「法律」というツールを用いて大きく方向付けを行う意義は小さくありません。SL には、学校におけるいじめ予防活動の一端を積極的に担っていくことが求められています。

第3話　いじめの初期対応

Ⅰ　はじめに

　いじめの初期対応は、早期発見と具体的な対策に分かれます。SLはその両方において力を発揮することが期待されます。

　早期発見のための最大のポイントは、SLを22条組織のメンバーとすることです。学校に常駐していないSLが、独自にいじめを発見することは困難です。情報が共有される立場に置くことが、SL活用の第一歩です。

　また具体的な対策においては、事実調査など様々な場面でSLを活用することが望まれますが、後の紛争への発展の可能性を踏まえ、利益相反の回避のため一定の制約を受けることには留意が必要です。

Ⅱ　SLを22条組織のメンバーにする

　22条組織はいじめ対策の要です。いじめに関する情報が入らなければSLを十分に活用することもできませんから、SLを22条組織のメンバーにすることが求められます。

　この点については、中立性を重視し、SLではない外部の法律家を入れるべきだという考えもあります。SLを単なる学校設置者の代理人ではなく、学校全体に奉仕する「場の法律家」として捉える本書の立場からは、SLを22条組織に任命することに問題はなく、むしろ学校のことを最もよく知る法律家として、最も適任であると考えています。もちろん、

SL は不当に学校側の味方をしたり、証拠を隠したりしてはなりません。中立性に疑義を抱かせない仕事ぶりが求められます。

Ⅲ　SL と教職員の共同作業

1　はじめに

いじめの初期対応では、多くの場面で SL と教職員の共同作業が求められます。重要となるのは、情報の共有・記録化、具体的な指導方針の決定、そして重大事態の認定です。

2　情報の共有と記録化

いじめの初期対応にとって最も重要なことは、情報の共有です。必要な情報が、必要な範囲で共有されていなければ、適切ないじめ対策はできません。いじめ予防の段階でどれほど具体的に緻密に準備したかによって、いじめ対策の効果に大きく差が生じます。

いじめが発生した際には、局面ごとに必要な範囲の関係者に共有されるために、情報が文章化されなければなりません。この文章をもとに事後の対策が決められていきますから、正確で簡潔で明確な文章であることが求められます。医療におけるカルテと同様です。

教職員は、児童・生徒に対する指導や保護者対応などで忙しくしていますから、文書作成を日常的な業務とする SL に割り振ることも一案です。

SL としても、共有される範囲を意識して、守秘義務やプライバシーに配慮しつつ、必要かつ最小限のいじめに関する

情報を記録し、管理していく必要があります。

　なお、SLの即時対応の要請は、SLがどの程度学校に時間を割くことができるかによって変わります。これは自治体の予算などにもよりますので一概には言えません。ただ、いじめ対応は迅速性が重要ですから、一定のレベルを超えたものについては、22条組織の定例会議などのみではなく、リアルタイムの情報共有が望ましく、そのために必要であれば、SLに対し、学校が導入する情報共有システムなどのアクセス権限を付与することが考えられます。

3　指導方針に関する相談

　教職員とSLが信頼関係を築きはじめると、教職員がSLにいじめ対策の指導方針を相談する場面が増えていくと思われます。

　例えば「被害者とされる側も加害者とされる側もどちらも悪いと感じる」、「空気を読もうとしない被害者にも非があるように感じる」とか、「被害者とその保護者から『誰にも言わないで』と言われた」といった前提のもと「どうしたらよいか」と指導方針そのものを聞かれる場合もあるでしょう。

　SLは教育のプロではないため、他の学校の例や専門書からの知見などを一般論として示すことを超えて、「指導方針」を示すことはできません。前提として、この点は教職員の方に共通認識を築いていただく必要があります。

　その上で、これらの相談類型に関しては、SLとして以下のような法的視点を提示することが可能です。

　第一に、「被害者とされる側も加害者とされる側もどちら

も悪いと感じる」、「空気が読めない被害者に非があるように感じる」といった相談に関しては、前提事実を整理することの重要性を提示します。この類型の相談の多くは、起きている事実の一部だけを切り取ると、被害者と加害者の対等な「けんか」のように見えますが、時系列を長めに切り取り、周辺事実を整理すると、多くの場合、対等な関係にはありません。１対多数の構造であったり、両者の力関係に固定的な格差が生じています。このような状況の下、教職員の事実認定が多数者の言い分に引きずられている場合も見受けられます。被害者が争いの直近の原因を作っていた場合であっても、一部の事実を切り取ることなく、問題の全体像、とりわけ多数者のこれまでの言動に着目する意識が重要です。

　また、教職員から「空気を読もうとしない生徒」といった指摘がある場合については、言外に、その生徒に発達障害があり、どう対処してよいかわからないという趣旨を含んでいることが近年増えているように感じます。その際には、その生徒がそうした障害を有すると診断されているか否かにかかわらず、生徒の困りごとを理解し、配慮しようとする姿勢が極めて重要である旨を説明します。発達障害者支援法や障害者差別解消法は、学校現場として、発達障害者に対しては「合理的な配慮」（障害者差別解消法７条２項及び８条２項）をすることを求めているからです（公立学校は義務、私立学校は努力義務）。

　また、教職員だけで抱え込むことは決して得策ではありませんし、法の趣旨にも反します。医師などの専門家に相談することが必要です。

第二に、「被害者とその保護者から『誰にも言わないで』と言われた」といった類型に関しては、教職員のリスク管理やガバナンスの視点から整理することが重要です。そもそも「誰にも言わないで」という発言は、多くの場合「被害者から訴えがあったことを加害者に知らせないで欲しい」という趣旨であり「何も対応しないでくれ」という意味ではありません。「誰にも言わないで」という発言を文字通りに解釈して何も対処しなければ、多くの場合、後から大きなトラブルに発展します。学校にも報告しない場合、報告義務違反となりえます（いじめ防止法23条1項）。「誰にも言わないで」と言われたことを理由に放置することは危険です。

　重要なことは、いじめは原則として22条組織で対応するというガバナンスの基本を、教職員と保護者で共有することです。「誰にも言わないで」と言われた際には、必ず「現段階で加害者には言いません。しかし重大な問題なので、責任ある組織で対応します。組織のメンバーは守秘義務を負いますから、必要な範囲を超えて他に漏らしません。安心してください」といった説明をすることが期待されます。組織的に対応するといっても、「事を大きくする」訳ではないことをしっかりと説明し、被害者・保護者の不安を取り除くことが重要です。手続きの流れを、基本方針の記載などを踏まえてよく説明することが肝心です。

　その上で、22条組織などに報告し、22条組織からの指示などを踏まえながら、1つずつ対応していくことが求められます。

4　重大事態の判断への助言

　校内のいじめ問題を「重大事態」とすることには抵抗があるかもしれません。

　しかし、学校にとって最悪の事態は、認識していた事実を過小評価して重大な結果を生じさせることです。後になってから「事実を認識していたにもかかわらず、法的な対処を怠っていた」と批判される恐れもあります。

　いじめ防止法は、いじめ防止・早期対応の観点から「重大事態」を広く定義しています。学校として、外部性・中立性を維持した法律家の見解として、SLに早期に重大事態該当性の判断を求め、かつその判断を踏まえて対応を検討することが求められます。また、SLとしても独自に重大事態に該当する可能性があると認識した場合は、直ちに学校に自らの見解を伝えるべきです。SLがいるにもかかわらず重大事態該当性の判断を求めない場合や、SLが重大事態該当の可能性を報告しながら学校がその判断を無視して重大事態として必要な対応を取らない場合には、後にその判断の合理性について厳しい目が向けられる可能性も否定できません。

　重大事態の認定に消極的になることなく、適法な対応が求められます。

Ⅳ　当事者対応について

　当事者対応は、SLの位置づけにも関わるとても難しい問題です。双方代理や利益相反の問題を考えれば、できる限り生徒から直接「相談」を受けることは避けるべきです。

　ただ、22条組織に参加している以上、他のメンバーと同

等の活動は行うべきとも考えられます。「相談」ではなく「聴取調査」であることを児童・生徒に明示した上で、生徒たちから事情を聞くことは可能でしょう。いずれかの当事者とみられないよう言動に十分注意しつつ、「場の法律家」としていじめの解決に活躍することが期待されます。

V　保護者対応について

　SL は、学校設置者や校長の代理人ではありませんから、交渉窓口になるような関わり方は望ましくありません。校長をはじめとする教職員の代わりに保護者と話し、説得するような活動は、SL の職務ととらえるべきではありません。

　ただ、SL が「大人たちの味方をするのではなく児童・生徒たちの福祉を第一に考える存在」であることを明示した上で、教職員と保護者との話し合いの場に立ち会うことは、可能であると考えられます。

　学校側と保護者との間では、しばし感情的な対立が起こります。その交通整理役として SL がその場に立ち会うことは、論点をクリアにして無用な争いを避けることに繋がるでしょう。また、感情的な対立が激しければ激しいほど、そうした役割を現場から強く求められると予想されます。

　とはいえ、実際に立ち会うとなると、どちらか（主に保護者側）を説得せざるをえない可能性があり、そうした意味では慎重な姿勢が求められることは間違いありません。

　感情的な対立が激しく、保護者側の説得が必要になりそうな場面では、SL は立ち会うべきではないでしょう。SL の"説得"が、保護者の正当な権利行使の機会を奪いかねないから

です。法律的な見立てや方針、保護者が不信感を抱かないように開示すべき情報の提示などを教職員に行うのみにとどめるのが望ましいと思われます。この点は、22条組織のメンバーに任命されている場合も同様です。「場の法律家」であるSLは、学校側だけの利益に繋がるような活動を行うべきではないのです。

SLの活用の場面では、常に利益相反について留意することが必要です。

VI 小括

以上のように、SLは22条組織のメンバーとして積極的に初期のいじめ対応に関わっていくべきと考えますが、他方でその立場から生じる限界もあります。

校長や設置者には、SLの限界を踏まえつつ、上手に効率よく活用することが期待されます。

第4話　重大事態

Ⅰ　はじめに

　いじめ防止法28条が定める「重大事態」に発展すると、教育的側面よりも法的側面が前面に出てきます。学校においても、「場の法律家」であるSLと緊密に連携を取りながら、適切・適法な対応を取ることが求められます。対応を誤ると、感情的な対立が激化し、訴訟に発展する可能性も高まります。本項では、重大事態の基礎知識を解説した上で、SLの具体的な活用法をご紹介します。

Ⅱ　重大事態の基礎知識

1　重大事態の定義

　いじめ法第28条1項は、「重大事態」を、以下のように定義しています。

　　一　いじめにより当該学校に在籍する児童等の生命、心身又は財産に重大な被害が生じた疑いがあると認めるとき。
　　二　いじめにより当該学校に在籍する児童等が相当の期間学校を欠席することを余儀なくされている疑いがあると認めるとき。

　1号を、「自殺等重大事態」といいます。具体的には、
①自殺
②30日以上の加療を要すると見込まれる傷害

③多額の金銭や財産の侵奪・毀損、本人が特に大事にしている物の侵奪・毀損
④精神疾患の発症

という事態が発生した場合が該当します。

2号を「不登校重大事態」といいます。いじめが原因とみられる、年間合計30日を超える不登校が発生している場合がこれに該当します。

いじめはどこでも起こりうるものです。いじめの初期対応が奏効せずエスカレートすれば重大事態に繋がります。適切な基本方針を策定し、いじめの芽の段階から組織的に対応していたとしても、重大事態が起こることはありえます。すなわち、重大事態もどこでも起こりうるものです。監督ミスやガバナンスの欠陥を意味する訳ではありません。認めることに抵抗がある学校もあるかもしれませんが、最悪の事態の回避や再発防止のため、法律は重大事態であることを積極的に認めることを求めています。学校は法律に則った適切な対応ができるよう、あらかじめ体制を整えておく必要があります。

2　いじめ法が求める重大事態への対応

重大事態が発生し、いじめが原因と疑われる場合、学校はまず監督官庁へ報告を行います（29条、30条、31条）。公立学校であれば、地方公共団体の長へ報告することになります。教育委員会を経由する場合もあります。

次に、事実関係の「調査」を行います。調査組織は、学校が主体となる場合と、学校設置者（教育委員会を含む）が主体となる場合とがあります。さらに、調査組織のメンバーと

して、第三者を中心とするか、学校や設置者の職員を中心とするかは、学校及び学校設置者が判断することになります。調査組織の公平性・透明性の確保のため、近時、第三者を中心とする第三者委員会形式をとることが一般的です。

　調査組織は、アンケートの実施や当事者への聞き取りなどにより事実関係の調査を行い、結果を監督官庁へ報告を行います。調査組織の構成に問題があったり、調査が不十分である場合には、再調査が行われることもあります。

　学校及監督官庁は、調査組織の報告を受けて再発防止のための適切な措置を講じることになります。

　いじめ防止法に基づくフローは下図のとおりです。

①報告
・重大事態が発生した場合、まず、国立大学付属学校であれば文部科学省（29条）、公立学校であれば地方公共団体の長（30条）、私立学校であれば都道府県知事（31条）へそれぞれ重大事態が発生した旨を報告します。

②調査
・調査組織が立ち上げられ、「重大事態に係る事実関係を明確にする」ための調査が行われます。調査主体としては、学校の職員が主体となることもあれば、教育委員会、第三者委員会を組織する場合もあります。一般には第三者委員会を立ち上げることが多いです。
・なお、調査組織を立ち上げなくとも既に事実関係が明確であれば、改めての調査が行われないこともあります。

③結果報告
・調査組織から地方公共団体の長等へ、調査結果が報告されます。調査体制に問題があったり、不十分と認められるような場合等、必要がある場合には、再調査が指示される場合もあります。

④支援措置
・被害生徒への支援、加害生徒への措置
・再発防止策の検討

Ⅲ　管理職・教職員に求められる活動

　重大事態に対する、管理職・教職員の活動は、①事前対策、②発生時の対応、③発生後の対応に大別されます。各場面でSLと緊密な連携を取ることが求められます。

1　事前の体制づくり

　重大事態発生に備え、管理職・教職員は、学校が重大事態に迅速に対応できる体制を事前に構築する必要があります。

　重大事態に関しては、いじめ防止法、各地方自治体のいじめ防止対策基本方針、「いじめの重大事態の調査に関するガイドライン」、「子供の自殺が起きたときの緊急対応の手引き」、「教師が知っておきたい子どもの自殺予防」といったガイドラインやマニュアルが定められています。重大事態が起きた際、被害を受けた児童・生徒側は、これらのルールに即して対応してくれると考えています。教職員がこれらを理解していないことが明らかとなると、最低限のルールすら守ってくれなかった、ということになり、大きな不信感を生みます。重大事態が起きる前から、法令の研修やケーススタディなどを通して、教職員全員が法令に則った適切な対応を習得しておく必要があります。

　また、重大事態が発生した場合、事実関係を明確にするための調査が行われますが、この調査の主体は、上述したように、学校による場合と学校設置者による場合があります。重大事態発生後の迅速な対応のためにも、あらかじめ、調査主体や組織体制について整備しておく必要があります。特に、

学校を調査主体とする場合には、22条組織がベースになると思われますが、公正中立な調査組織とするため、利害関係のある者が調査に影響を与えないような体制としなければなりません。

　SLは、自らの経験や法律的知見をもとに、法律やガイドラインに基づいた適切な体制づくり、重大事態発生時の対応方法などについて、研修やアドバイスを行うことが可能です。

2　重大事態発生時

　重大事態発生時には、あらかじめ構築していた体制に基づいて、迅速に被害児童・生徒及び保護者への対応を行うことになります。

　原因がいじめにあるか否かについて、証拠がないとの理由で拙速に否定的判断をすることは避けなければなりません。これは「いじめの重大事態の調査に関するガイドライン」でも明記されています。調査が未了の段階では明らかになってる情報はごく一部に過ぎない可能性が高いことを忘れてはなりません。事態を深刻化させ、自殺など取り返しのつかない結果を招くおそれもあります。特に、被害児童・生徒や保護者からの重大事態発生の申立てに対しては、原則として重大事態が発生したものとして報告・調査をすべきです。

　児童・生徒が不登校となっている場合であっても同様です。いじめが原因と疑わしい場合に、学校内での簡単な調査で早急に結論付けてしまうのは危険です。重大事態であることを適切に認識し第三者委員会による調査も視野に入れた上で、対応を進めるべきです。また、児童・生徒の不登校の理由が

いじめから「避難」するためである可能性を考え、無理に復帰を促すのではなく、しばらくは登校をしないことを1つの選択肢として積極的に評価することが重要です。これは原因がいじめにある場合に限られません。生徒の意向や状況に最適な環境を整えることが求められます。

　いじめ問題に研鑽を積んだSLであれば、法律的見地から、当該案件が重大事態に該当するか否かを助言することが可能です。

　また、SLは他の生徒や保護者に対する説明の方法や、そのタイミングに関する助言をすることもできます。重大事態が発生したことを伝えるタイミングや内容が教職員によってまちまちだと、一部の児童・生徒に強いショックを与えるおそれもありますし、様々な憶測を生んでしまうおそれもあります。統一した内容を同時に発表すべきです。SLが法的視点に基づき、適切な見通しを立てることを通じて、説明方法やタイミングを検討することが期待されます。

3　調査への対応

　重大事態の調査は、いじめ防止法や、平成29年3月に文部科学省が作成した、「いじめの重大事態の調査に関するガイドライン」に基づいて行うことになります。学校が調査主体となる場合には、まず、調査組織の人選を行う必要があります。当然ながら、公平性・中立性を確保した人選としなければならず、必要があれば、専門的知見を有する第三者をメンバーに加えることが求められます。

　第三者委員会型の調査組織による場合には、学校の教職員

が調査主体となるわけではありませんが、学校としては、全面的に調査に協力できる体制を整えておくべきです。また、重大事態に至る前に22条組織による調査を行っていた場合は、その結果と資料の引き継ぎを行う必要があります。

なお、SLを第三者委員会のメンバーとすることはできません。SLは、学校という「場」の法律家であり、学校・生徒・保護者に対して中立的立場であることを求められる立場ではありますが、一方で、完全な第三者ではありません。利益相反の視点からSLを第三者委員会のメンバーとすることは避けるべきです。

調査組織メンバーの選定にあたっては、被害生徒側との合意形成をしておくことが重要です。被害生徒側から見て、公平性・中立性に疑義のあるメンバーが調査組織にいる場合には、調査結果が被害生徒側にとって信用できるものにはなりません。また、公平性・中立性に疑義がある調査組織による調査は、再調査の対象ともなりえます。学校管理者は、被害者側との間で人選について承諾を得た上で、調査組織を立ち上げるべきです。

調査対応にあたって、学校は、いじめ防止法や「いじめの重大事態の調査に関するガイドライン」に基づいた適切な調査対応が求められます。法律家であるSLは、その対応のサポートをすることが期待されます。例えば、SLとして、重大事態発生時の調査対応について研修を行うことや、調査の進め方に問題ないかの確認を行うといったことが考えられます。

4　学校管理者や教職員の負担軽減

　重大事態が発生した場合、教職員は、通常の業務に加えて、重大事態への対応を行う必要があります。学校全体として負担は増大します。特に、重大事態が発生したクラスの担任には、大きな負担がかかることになります。

　教職員に過度の負担がかかれば、児童・生徒たちの日常生活や通常の授業にも支障が生じかねません。

　いじめ防止法及びガイドラインでは、一人ではなく「チーム」で重大事態に対応することを推奨しています。一人に過度の負担がかからないようにすることが、いじめ対応を適切に進めるうえでは重要です。

　SLには、スクールカウンセラーやスクールソーシャルワーカーなどとも協力体制を構築し、学校管理者や教職員へ過度の負担がかからないための支援を行うことが求められます。

5　再発防止策等の検討

　調査の結果に基づく再発防止策の検討はとても重要です。いじめの予防体制、早期発見体制、そして対応方法について、問題点を洗い出し、1つひとつ精査していく必要があります。その上で、抽出された問題点について、どのようにすれば適切であったかを考えていくことになります。

　学校側に重大な過失があると認められる場合には、教職員の懲戒処分を行うことも考えられます。責任回避のための再発防止策では意味がありません。

　これらの検討にあたっては、SLが関わることで、法律的見地からの対応策を出すことができます。

Ⅳ　被害生徒・保護者への対応

1　被害生徒側と学校との相互不信構造の形成を避ける

　重大事態発生時の被害生徒及び保護者への対応は非常に難しいものです。被害生徒及び保護者は、学校に対する不信感でいっぱいの状態であり、学校側は、それを丁寧に解きほぐしていかなくてはなりません。たとえ一度は不信感を解きほぐせたとしても、その後の対応を誤れば、一瞬で被害生徒側との信頼関係は崩壊してしまいます。被害生徒側との信頼関係を構築できず、問題がさらに深刻化するケースも少なくありません。その原因の１つに、学校側と被害生徒側の間の、事実調査に関する姿勢のミスマッチから生じる相互不信構造があります。保護者は（特に被害生徒が自死した場合には）学校に対し、学校で何が起きたのかを明確にし、その事実に正面から向き合って、再発防止を徹底してほしいと願います。しかし、学校側にとっては、どこまで調査すれば徹底した調査と言えるのか、どのような対策を講じることが徹底した再発防止と言えるのかが曖昧なままです。この点がミスマッチとなり、被害生徒側にとっては、学校側の説明がはなはだ不十分で被害者に寄り添った対応とは到底言えないと、対応に不満が募っていきます。一方、学校側にとっては、できる限りの調査を行い誠実に対応しているはずなのに、被害生徒側がいつまでも納得してくれないということになり、相互不信の構造がどんどん深刻化していくことになります。この相互不信が深刻化していく構造について、京都精華大学の住友剛教授は、「ハの字」図で説明しています。

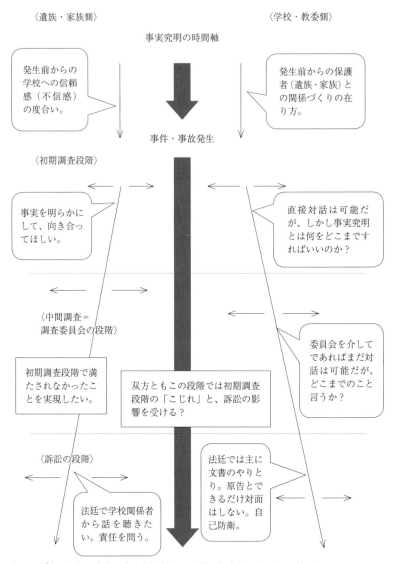

住友剛『新しい学校事故・事件学』（子どもの風出版会、2017）58頁参照

また、いじめ防止法や、「いじめの重大事態の調査に関するガイドライン」を無視したかのような調査や保護者対応が横行していることも、信頼関係を害する大きな要因です。たいていの場合、学校側も、意図的に無視しているわけではありません。そもそもが学校にとって「緊急事態」であることから、法律やガイドラインを詳細に確認する余裕もないままに、なし崩し的に対応が進められているのが現状かと思われます。結果的に保護者側の弁護士などから指摘されて初めて問題点に気づくことになり、そうなるともはや手遅れである場合が多く、その状態から保護者との信頼関係を回復するのは容易ではありません。

　そうした事態を可能な限り避けるために、まずは事前に上記のような相互不信構造があることを前提としたシミュレーションをしておくことが重要です。被害生徒側の心情を十分に理解し、その立場を想像した上で、どのような対応をすれば、相互不信に陥らずに済むかを考えなくてはなりません。重大事態の調査にあたっては、調査のための法律やガイドラインが整備されています。特に、「いじめの重大事態の調査に関するガイドライン」は、過去にあった学校の対応の問題点を抽出して作成されたものです。ガイドラインを確認することで、少なくとも、過去にあった過ちを認識し、気を付けることができます。これらのルールを遵守して調査を進め、誠心誠意真実に迫っていくことを示し、信頼関係を構築していくことが大切です。

　SLの役割は、法律やガイドラインを読み解き、教職員が負担なくルールの内容を理解できるように日頃から研修を行

うことにあります。また、実際に重大事態が起きた際には、被害生徒側が求める事実解明と再発防止策というゴールをできる限り明確にし、相互不信構造が生じないよう適切な対応を具体的に検討します。

　なお、学校としては、被害生徒側にどのように対応をしたか、逐一記録を残しておくべきです。過去の対応を確認し、学校の対応に整合性をもたせることができますし、今後のために、今回の対応が適切なものだったのかを見直す有用な資料となります。

2　提供すべき情報についての判断

　学校と被害生徒側との間で特に問題になるのが、情報提供の問題です。いじめ防止法28条2項は、「学校の設置者又はその設置する学校は、前項の規定による調査を行ったときは、当該調査に係るいじめを受けた児童等及びその保護者に対し、当該調査に係る重大事態の事実関係等その他の必要な情報を適切に提供するものとする。」として、被害生徒・保護者に対して調査の結果に関する情報提供と調査結果の説明を行うことを義務付けています。また、「いじめの重大事態の調査に関するガイドライン」では、「いたずらに個人情報保護を盾に情報提供及び説明を怠ることがあってはならない」とされています。

　ただ、個人情報の開示については議論が生じやすいところです。当該情報を開示することによって、具体的に個人のどのような権利利益が侵害されることになるのかを検討し、侵害が生じうる箇所に限って非開示としなければならないこと

になります。

　いじめ調査にかかる情報開示に関する裁判例として、大津地判平成26年1月14日判例時報2213号75頁があります。この事件では、公立中学校の生徒が自殺した事案で、保護者が学校に対し、自殺の原因の調査のために学校が実施したアンケートの結果をまとめた書面の交付を求めたところ、学校長は被害生徒の保護者に対し、部外秘とする旨の確約書を求めました。また、被害生徒の保護者が、教育委員会に対して大津市の個人情報保護条例に基づきいじめの存否に関する文書の情報開示請求を行ったところ、一部不開示の処分となりました。これらの大津市の対応について、保護者が損害賠償請求を行ったという事案です。

　大津地裁は、確約書を求めたことについて、開示に際し、利用を一切禁止するといった不必要な条件をつける理由はなかったとして違法としました。また、一部非開示にしたことについては、他の個人の権利利益が侵害されるおそれがあること、アンケート調査が今後困難になるおそれがあることから、非開示とした理由自体は正当と認めたものの、加害生徒の個人名及び被害生徒以外の個人名を除く部分については、上記おそれがあるとは言えないとして、これらを不開示としたことは違法と判断しています。

　いじめ防止法の趣旨及び上記裁判例からすれば、情報を不当に制限したり、不合理に隠そうとすることは避けなければなりません。

　なお、第三者委員会による調査の場合には、学校側が第三者委員会の確認なく情報を開示することは、調査に影響を及

ぼすおそれがあるため、避けるべきです。学校主体の調査を行う場合には、加害生徒側のプライバシーに配慮する必要はありますが、上述のとおり、一律不開示とすることは妥当ではなく、個別の事案ごとに検討する必要があります。

　SLは、法令及び判例に照らし、個人情報の開示範囲として適切な範囲がどこまでなのかをアドバイスをします。

3　被害生徒への支援

　被害生徒や保護者への支援については、第三者委員会による調査が行われる場合も任せきりにするのではなく、学校側も第三者委員会やその他関係機関や専門家と連携して、「被害生徒支援チーム」として、適切な支援を講じていく必要があります。

　支援の目標は、被害生徒が置かれていた問題状況を取り除き、安心して学校生活を送ることができる環境を整えることにありますが、被害生徒側が、別の学校に転校することを希望することもあります。その場合には、転校先の学校との連携の上、ケアを続けていく必要があります。

　不登校重大事態の被害生徒の支援にあたっては、早期の学校復帰を促すことは逆効果となることもありえます。被害生徒は不登校となっていることを重く受け止めていることが多く、復帰を促すことが被害生徒の焦燥感や絶望感を加速させてしまう可能性もあります。場合によっては事態がさらに重くなるおそれもあります。いじめからの避難目的での不登校状態を積極的に評価することも、本人を追い込まずに解決に向かうための1つの方法と言えます。こうした姿勢は、第2

章14話で紹介した教育機会確保法との趣旨とも整合します。学校に復帰することだけを目標にせず、被害生徒が学校に行かなくとも学習をできる方法を広い視点で考えていくことが重要な支援となります。

V 加害生徒側への措置

　加害生徒側への措置としては、二度といじめを行わないよう、指導を徹底することが必要です。単に被害生徒へ謝らせる、ペナルティを与えるというものではなく、何が相手にとって辛かったのか、なぜいじめを止めることができなかったのかをしっかりと理解させる必要があります。指導については学校が児童心理のプロフェッショナルであるスクールカウンセラーやスクールソーシャルワーカーらと協力しつつ行うのが適切でしょう。

　いじめ加害を理由とした出席停止措置も考えられます。出席停止措置とは、他の児童の教育の妨げがあると認められる児童生徒に関しては、その保護者に対して、教育委員会が児童生徒の出席停止を命じることができるという措置です（学校教育法35条・49条）。

　ただし、安易な出席停止措置は、加害生徒自身の問題解決や真摯な反省につながらない可能性があり、さらに児童生徒の教育の機会も失わせることになります。出席停止措置の判断は慎重にするべきです。

　加害生徒側を転校させるという措置も考えられますが、法律上、転校の強制まではできません。いじめの事実と内容・被害者側の意向などを考慮して、加害生徒本人やその保護者

と協議の上で、どのような措置をとるべきかを決めていくことになります。SLは、学校に対し、そうした措置の適否や進め方などを適宜アドバイスします。

VI　メディア対応・訴訟

1　メディア対応

　自殺などの重大事態が起きた際、学校にメディアからの取材が殺到する場合があります。メディアに対して不用意な発言をすれば、問題がさらに深刻化するおそれもありますが、一方で取材に一切応じないというのも、保護者や被害生徒側への不信感を生んでしまうことになります。メディア対応は慎重を期さなくてはなりません。少なくとも、対応する窓口は一本化しておいたほうがよいでしょう。

　また、被害生徒側には、事前にメディアにどのように話をするかを伝え、承諾を得ておくことが必要です。一方的な情報発信と捉えられることがないようにすべきです。

　SLは、メディア対応にあたり、報道発表資料を作成するなどの対応をしていくことも考えられます。

2　重大事態と訴訟

　重大事態の結果として、被害生徒側から損害賠償請求訴訟などを提起される可能性があります。

　訴訟になる原因は様々ですが、ほとんどの場合、前述の相互不信構造が根底にあります。学校側が訴訟で不利になることを極度に警戒し、被害生徒側とのコミュニケーションを適切に取らなかったことがこの構造を生んでしまいます。いた

ずらに恐れるのではなく正しく訴訟リスクに向き合うためにも、SLが存在する意義は大きいと思われます。

　なお、裁判となった場合は、SLは「場の法律家」であり、あくまでも中立的立場ですので、被害生徒側・学校側いずれの代理人にもなることはできません。SLの役割は、生徒と学校との裁判という最悪の事態を事前に防ぐことにあります。

第5話　SLと教育委員会

1　はじめに

　これまで述べてきたとおり、いじめ予防法はいじめの予防と対策について、様々な手立てを明記しています。教職員がSLと連携してなしうること、なすべきことは多岐に渡ります。

　とはいえ、いじめ問題の対応はSLと学校現場だけで成しうるものではありません。特に公立教育システムの構造上、最大の権限を有する教育委員会との協働は不可欠です。本項では、教職員にとって身近でありながら意外と知らない、教育委員会のいじめ防止法上の地位や役割を紹介するとともに、SLと教育委員会の関わり方を提案します。

2　いじめと教育委員会

　教育委員会は法律上もいじめ防止について主導的な役割を果たすべきものとされています。いじめ防止について一般的な諸施策を講ずることはもちろんですが、管轄する学校でいじめが発生したときの対応は一層重要です。

　学校は、いじめについて通報を受けたり、自校でいじめと疑われる事実を発見したときは、いじめの有無の確認をするとともにその結果を学校設置者（具体的にはほとんどの場合教育委員会）に報告することを義務付けられています（23条2項）。報告を受けた学校設置者は、必要に応じ、学校に対して必要な支援を行い、もしくは必要な措置を講ずることを指示し、又は自ら必要な調査を行うものとされます（24条）。

また、いじめにより、児童等の生命、心身または財産に重大な被害が生じた疑いがあるとき、あるいは児童が相当の期間学校を欠席することを余儀なくされているときは、重大事態として学校設置者又は学校が独自の組織を設け、事実関係を明確にするための調査を行うものとされています（28条1項）。この調査を学校が行う場合は、学校設置者は必要な指導及び支援を行うものとされます（28条3項）。

このように、いじめに対処するために学校と教育委員会の連携は極めて重要なものとされていますが、その連携は必ずしも容易ではありません。それは、学校すなわち校長以下の教職員にとって、教育委員会が常に頼もしい味方であるとは限らないからです。

教育委員会は教職員の任免に関する事務を行います。学校で不祥事が起きれば校長の責任が問われます。ここにどうしても、いじめのようなネガティブな情報を教育委員会に知らせたくないという心理が生まれます。一般教職員はさほど感じないかもしれませんが、校長と教育委員会との間には良くも悪くも相当の緊張関係があります。せっかく校長がいじめの防止に熱心で一生懸命いじめの報告を上げてもそれが自身のマイナスの評価につながるだけで、有効な指導や援助が得られないなら報告などしない方がいいと考えるようになるのは仕方のないことです。

その意味で、学校とも教育委員会とも適度な距離を保てるSLの設置は意味のあることです。SLは、学校と教育委員会の連携を助ける働きができるからです。

3　SLと教育委員会対応

　SLには教職員とりわけ校長のブレーンのような役割が期待されます。学校の中に、いじめに限らず、何か問題が起きた時に、法的な裏付けのある適切な助言を行い、必要があれば自身も問題の解決に当たることは、学校の運営に大きな安心をもたらします。

　そこで以下ではいじめの問題が起きた時にSLがすべきこと、できることについて具体的に考えてみます。

(1)　いじめ発覚

　学校内でいじめが疑われるとき、学校は速やかに事実の確認をしなければなりません。しかしその事実確認も方法を誤るとかえって問題を大きくしてしまうことが少なくありません。学校はともするといじめを認めることに消極的になりがちです。重大な事件が起きた時でさえ「単なる悪ふざけだと思った」などというコメントが出てくることが多いのはその証左です。また、いじめをしたとされる児童などの保護者はいじめを否定しがちですし、いじめを受けたとされる児童・生徒などの保護者はいじめによる被害を大きく訴える傾向があります。他方、調査を受ける児童・生徒は身近な大人の意向に従おうとする傾向があります。ですから、予断を持たず、かつ予断を与えぬ調査が意識的に追求されるべきですし、調査の過程は録音等で後に検証できるようにすべきです。SLはそうしたことのアドバイスを行います。

　そして、得られた結果については、いじめと認定すべき事実があればきちんとその旨の認定を行うよう、アドバイスすることが重要です。

(2) いじめの報告

　いじめの事実を確認した結果は教育委員会（学校設置者）への報告が義務付けられています。ここでは、誠実な報告が学校や教職員にとって不利にならないよう配慮することが必要です。そのためには、どのような事実を、どのような理由からいじめと認めた、あるいは認めなかったという点について説得力のある報告書の作成が求められます。こうした書類の作成の要領は判決書の作成に似たところがありますから、SL の適切なアドバイスが有効な場面です。

(3) 教育委員会との協議

　報告を受けた教育委員会（学校設置者）は、必要に応じ学校に対して支援を行い、あるいは自身で必要な調査を行うこととされています（24条）。ですからこの支援や更なる調査の必要性の判断のためには学校と教育委員会との協議が重要になります。とくに、いじめを受けたとされる児童・生徒などの保護者の中には学校に対する不信感が大きく、学校が独自に対処するよりも、教育委員会が直接間接に調査を行った方が、調査結果に納得を得やすい場合もあります。そうしたことも踏まえ、校長は教育委員会との協議に臨みます。とはいえ校長は教育委員会に対しては弱い立場ですから、教育委員会と意見が対立したときに、自身が能力不足のレッテルを貼られずに学校側の主張を通すことは容易ではありません。そのようなときは SL が同席して、事情についての補足説明などをすることが有益でしょう。

　この協議は重大事態が発生した場合にはより重要になります。重大事態が発生したときは教育委員会（学校設置者）又

は学校の下に組織を設けて調査を行うことになりますが、そのいずれの下に組織を設けることが適当か、また、その調査の方法はどのように行うのが適切か、等々について十分な意思疎通が必要になります。特に、重大事態の場合は民事上の損害賠償や刑事事件にまで発展する可能性のあるものですから、ここにはできる限り SL が関与すべきです。

(4) 訴訟の見通し

どの組織も法人も訴訟沙汰を嫌いますが、教育界は特にその傾向が強いようです。このためごく一部ではありますが、保護者の中には訴訟をちらつかせることを交渉材料と心得ている者もいないわけではありません。また、教育委員会と校長との力関係に着目して、教育委員会に「言いつける」ことを校長に対する脅し文句にする者もいます。

こうした「圧力」に左右されずに適切な解決を導くためには、訴訟についての見通しを持つことができ、事実について、行為者の責任の軽重を踏まえた説明ができる SL の存在は貴重です。SL が適切な役割を果たすことによって、いじめ防止法が期待している学校と教育委員会との連携が十全に果たせるものと思います。

終わりに

　いじめ問題は現代の学校におけるもっとも重大なテーマの1つです。教育機関の評価として、これまでは進学や就職の成績が重視されてきました。しかし、保護者の視点からすると、まずは安心して、安全に学校教育を受けて欲しいという思いは極めて強いものがあります。基本方針でいじめ対策が可視化される構造ができたため、学校間格差が生まれつつあります。学校にとって、本腰を入れる時期が訪れています。

　SL制度が導入された以上、SLを導入し、いじめ対策に力を入れる学校とそうでない学校では、実際にいじめ対策に大きな差が出てくることが予想されます。

　いじめは合理性を欠く空気によって生まれます。多様性を否定し、不合理がまかり通る場に、いじめがはびこります。SLは人権擁護を職責とする法律家です。法律と理性がその拠り所です。SLを導入するということはその学校が法律と合理性を重視するメッセージとなります。SLがそのメッセージを体現し、場の空気を少しずつ変えることにより、学校ではすべての個人が尊重される場になっていきます。その空気の変化こそが、学校からいじめを減らすことに帰結するのです。

第4章 スクールロイヤーとこれから
——ナビの活動紹介

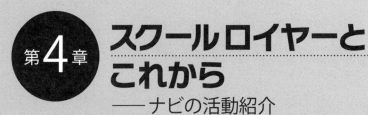

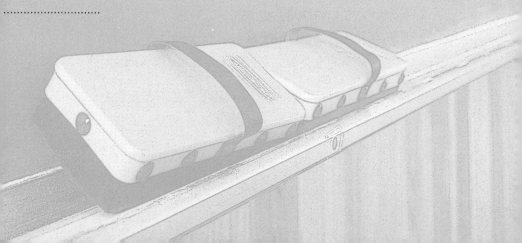

はじめに

これまで見てきたように、学校現場には多様な法律問題が潜んでいます。多種多様な関係者が関与するため、迅速な対応と高度なスキルが要求されます。また独立性・外部性というSLの特徴を生かして、学校と社会をつなぐハブのような活動も期待されます。SLが積極的に、クリエイティブに活動することで、学校現場に法の力を導入することができるでしょう。

本章では、SLがなしうるそうした活動の一例として、これまでナビが行ってきた活動を紹介いたします。

I いじめ予防授業

1 ナビ・弁護士チームのいじめ予防授業

ナビでは、「いじめの共通認識」を作ることを目的に、3回から4回を1セットとして、各回の目的を明確にしたいじめ予防授業を行っています。

それぞれの目的は以下のとおりです。

1回目：「いじめの定義」を学ぶ
2回目：「いじめの構造」を学ぶ
3回目：「具体的な行動」を検討する
4回目：「具体的な行動」を検討するための模擬調停

いずれも各学校の要望や雰囲気に応じて内容や手法を一部変えていますが、ここでは代表的なものを紹介します。

2　1回目：いじめの定義を学ぶ〜DVD事例〜

事例の概要
　借りたDVDに傷を付けたことにより、借り主がグループから仲間はずれにされてしまう。

獲得目標
　いじめの定義に対する理解
　「いじめられる方も悪い」という考えの、怖さとおかしさの理解。

　多くの場合、1回目は講義型の双方向授業で行います。題材事例の言動がいじめと言えるか、言えるとしてどの行為がいじめにあたるかなどを検討させて、意見を聞いていきます。

　生徒たちは、同じ事例を検討しているにもかかわらず、互いの意見が同じではないことにまず驚きます。人それぞれ何を「いじめ」と感じるかは異なること、何がいじめなのかについて共通認識を作らないと本当のいじめ対策ができないことなどを認識させることが第1目標です。

　また、この事例では、被害者側に借り物に傷を付けたという事情があるので、「こんなものはいじめではない！」という意見が多く出ます。理由を聞くと、「借り物を大事にしなかった以上は多少仲間はずれにされても仕方ない」という考えがしばしば述べられます。また、「どちらも悪いから」という理由で「いじめとまでは言えない」という意見も多く出ます。

　これらは、いずれも「いじめられる方も悪い」という考え

方です。そして、後者については、時に生徒のみならず、教職員も同じようにとらえていることがあります。被害者がきっかけを作っている以上、それはあくまでトラブルであり、いじめと評価するには抵抗があるということのようです。また、教育の観点からすれば、借り物を大切にしないこともまた、指導の対象です。そのため、題材事例のようなコミュニケーション操作系のいじめの場合、学校現場では「どちらも悪いのだから、お互いきちんと反省しましょう」というような喧嘩両成敗的解決が用いられがちです。しかしこれでは、いじめのエスカレートは止まりません。被害者が作ったきっかけを理由に相手に苦痛を与えることを許す余地を与えてしまうと、その後のエスカレートを止めるタイミングを見失ってしまうのです。

　これはいじめ防止法のいじめの定義が十分に浸透してないことを意味しますから、授業を通じて法の考えや、広めに定義された理由をしっかりと伝えます。そのうえで、「どちらも悪い」とすることは、法律上は本来同列に扱われない「財産権の侵害」と「人格権の侵害」を同列に扱うに等しく妥当でないこと（個人の尊厳の軽視に繋がること）、数ある問題解決手段の中からあえて「仲間はずれ」を選択することは誤りであること、多数の力を借りて1人を虐げることはエスカレートにつながりやすいことなどを明示します。

　そうすることで、生徒のみならず教職員に対しても「いじめられる方も悪い」という考えを、気づかないうちに自分でも使ってしまうことの怖さやおかしさへの理解を深めてもらいます。

3　2回目：いじめの4層構造を学ぶ〜合唱コンクール事例〜

事例の概要
　合唱コンクールの朝練に何度も遅刻してくる生徒が、懸命に練習しているクラスの生徒たちからいじめられてしまう。

獲得目標
　いじめの定義の復習
　「いじめられる方も悪い」論の問題点の復習
　いじめの4層構造に対する理解
　「傍観者のすべきこと」に対する誤解を解く
　「大きなYES」「小さなNO」といった言葉を定着させる

　2回目は、合唱コンクールを題材にします。合唱コンクールや体育祭などは、生徒同士の熱意にばらつきがあり、トラブルになりやすいため、適切な解決手段を検討するにあたり有意義な題材です。

　基本的には、ワークシートを用いて進めます。事例には、直接的な被害者・加害者のみならず、いじめをはやし立てる観衆、いじめを目にしながら関心を抱かない傍観者を登場させ、それぞれの立場に立った場合にどのような対応を取りうるか、ワークシートを埋める方法で検討させて発表させます。

　1回目と同様、この事例の被害者にも頻繁に遅刻するという落ち度があります。やはり、遅刻した生徒が悪い以上これはいじめではないという声があがりますので、1回目で学んだいじめ防止法の定めるいじめの定義などを復習します。

その上で、下のような図（図1）と、「大きなYES」、「小さなNO」という言葉を用いて、いじめが起きている教室の状況を解説します。この図は、森田洋司先生（大阪市立大学名誉教授）の「いじめの4層構造」（被害者、加害者、観衆、傍観者）をベースにしたものです。それぞれの層の力関係を矢印で整理し、教室の"空気"を可視化します。いじめを楽しんでいる観衆は、加害者に対して「大きなYES」を送っています。傍観者は、気づいているけれども特に何もしないという意味で、観衆ほどではない「小さなYES」をたくさん送ってしまっています。この大きなYESと小さなYESの連鎖が教室の「空気」です。この空気を変えるには、まずは傍観者が「小さなYES」を「小さなNO」に変えることが大切です。そうした解説をした上でとりわけ、自分が観衆や傍観者の立場に置かれた場合を想定し、教室でいじめを許す空気が出来上がっていく様とその空気を変える方法を検討していきます。例えば、加害者の前に立ちはだかって「やめろよ」などと言うことは、とてもハードルが高いと感じる生徒もいます。また、そうした行動は、矛先が自分に向いてしまうリスクもあります。ですから、傍観者のできることは「表立っ

（図1）

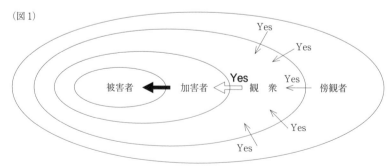

てかばう」ことだけではないことを指摘します。（詳細は、荻上チキ『いじめを生む教室』〔PHP研究所、2018年〕参照）。

授業の最後には、「気付いた人が無理のない範囲で『小さなYES』から『小さなNO』に変えていくことが大切であること」を教室の共通認識にします。やるべきことのハードルを無理にあげてしまうと、結局何もしないということになりかねません。

4　3回目：中立の意義を学ぶ〜助けた後事例〜

事例の概要
　弱い立場に立たされている子をかばった生徒が逆にいじめられてしまう。

獲得目標
　4層構造の復習
　傍観者ができることを考える
　「中立」とは何か

3回目の授業は、より実践的な応用編です。ワークシートを用いることは2回目と同様です。最初に、4層構造の解説のときに用いた「大きなYES」や「小さなNO」を用いて、悪口に加担することがもたらす影響などを検討させます。

次に、傍観者にできることを検討させます。その際には以下のような問いを立てます。

小さなNOを出そうと友達に相談したら、その友達から「（被害者が）何か悪いことをしたのかもしれない。私は中立でい

たいから何もしないよ」と言われた。あなたならこれに何と答えるか。この姿勢は本当に「中立」か。

いじめに気付いても、「お節介ではないか」、「出しゃばってはマズいのではないか」といった気持ちが生じて動けないということがあります。中でも、「中立」という言葉を使われると、何もしないことがあたかも「正しい」あるいは「賢い」ことのように聞こえてくるでしょう。

ですから、あえて「中立」という難しい概念を正面から検討し、こういった姿勢は本当に正しいのかということを生徒たちに考えてもらいます。

5　4回目：立場が変われば視点が変わることを学ぶ〜模擬調停〜

事例の概要

部活動内のいじめが原因で転校した被害者が、加害者を相手方として調停を申し立てる。

請求は金銭ではなく「謝って欲しい」というもの。生徒たちは、被害者代理人、加害者代理人、調停委員という3役に分かれて調停を行う。各役にはシナリオがあるが、それぞれの立場から認識しえることしか書かれていないため、「全体像」は、調停を進めない限り生徒たちにはわからない（一見、被害者側に落ち度があるように見えるが、本当は全く落ち度がないという構造になっている）。

なお、時間はこれまでの授業と同様1時限分。

> **獲得目標**
> 「いじめ」の定義の復習
> 「中立」とは何か

　多くの場合「デモンストレーション」の形式で行われます。クラスから選出した、加害者代理人役2名、被害者代理人役2名、調停委員役3名の合計7名の代表者が、1学年全生徒の前で実際に調停を行うという方式です。残りの生徒たちは、ワークシートを参照しながら見学します。なお、本人ではなく「代理人役」としているのは、本人役は心理的負担が大きいためです。

　デモンストレーションの際、弁護士が各役に1名ずつ付いて適宜アドバイスします。特に、加害者代理人役には「できるだけ屁理屈をこねて欲しい」、「調停委員から納得できる説明があれば、その屁理屈を撤回して欲しい」と頼みます。

　本事例は、被害者側に全く落ち度がなく、加害者側は直ちに謝るべきであるような内容に設定しています。

　しかし、加害者代理人の屁理屈（「自分はいじめたつもりはないから、いじめではない」など）により、多くの調停委員が混乱します。そうした流れの中、加害者代理人が「被害者が謝るなら、加害者は謝っても良いと言っている」と発言すると、多くの調停委員役は被害者側に謝るよう力を入れて説得しはじめます。

　そして、それに合わせて、見学の生徒たちの間でも、調停委員が説得しているにも関わらず一向に謝ろうとしない被害者が悪いという空気になっていきます。そのため、デモンス

トレーション後、弁護士から今回の事例が「100：0」で加害者側が悪い事例であると種明かしすると会場がどよめきます。

同じく、「結論を中間にもってくることが『中立』ではない（100：0を50：50にすることではない）」ことを明示すると、多くの場合、会場は静まり返ります。生徒たち一人ひとりが「何の落ち度もない被害者」を「責める側」に回ってしまっていたことに気づくからです。

このワークにより、多くの生徒たちが、いかに相手の声が大きくても、きちんと自分の頭で考えなければならず、ダメなものはダメだと判断する勇気も必要であることを感じてくれます。

6　小学生向け授業：いじめを減らせることを学ぶ

以上のワークショップは主に中学生以上に向けたものです。小学生に適したワークショップとして、「不機嫌な教室作り」があります。

児童たちは架空の学校のA組のクラスメートという設定です。運動会でライバルとなる隣のB組のチームワークを乱すため、B組の担任のC先生を買収することに成功しました、C先生に指示してB組のいじめを増やそう、というワークショップです。詳細な内容は前掲の荻上チキ著「いじめを生む教室」で紹介されています。

このワークショップを行うと、児童たちからは実にさまざまなアイディアが出てきます。いずれも買収した担任にさせる行動として、特定の生徒をえこひいきする、テストの点をランダムに張り出す、下手な図工の作品をけなす、一部の生

徒は手を挙げてもあてない、クラスの悪口をネットに書かせる、全員が給食を食べ終わるまで全員教室から出さない、常に隣のクラスを褒めるなどです。

アイディアを出させる都度、なぜそれがいじめに繋がるのかを説明させます。最後に種明かしをします。「いじめを減らすなんて絵空事だという声があるけれども、今回考えてもらったように、いじめを増やすことはできるはずです。逆に言えば、いじめが増えるような環境を減らすことで、相対的にいじめは減らせるはずです」と伝えると、自分たちで考えたことだけに、納得感が高まるようです。

7　小括

このように、いじめ予防授業は、ポイントを押さえて目的を持って行っていくのが効果的です。

ただ、特に「自分がいじめの場面に実際に遭遇した場合、どう動くか」という部分は、その場限りの検討をしただけでは意味がありません。

授業をより効果的なものにするためにも、先生方に協力していただき、他の時間を使って事例をより深く検討してもらうことなどが重要です。

また、授業を一過性の「イベント」にせず、「いじめの共通認識」の定着に資するよなものにできるよう創意工夫していくことが望まれます。

なお、弁護士チームのいじめ予防授業の詳細については真下麻理子『教師もできるいじめ予防授業』(教育開発研究所、2019年3月発売予定)をご参照ください。

Ⅱ　SL アンケート

1　はじめに

　2017 年、ナビでは、SL 制度の試験的導入を受け、SL に関して「一般向け」「教職員向け」の 2 種類のアンケートを作成し、インターネット上で広く回答を集めました。

　2018 年 10 月時点で一般向けアンケートに対し 368 名から、教職員向けアンケートに対し 78 名から回答を得ています。

　以下回答の一部をご紹介します。

2　SL の認知度

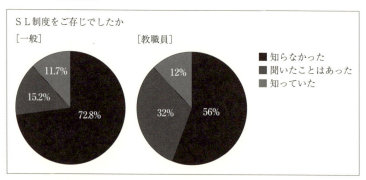

　制度の発足後間もないこともあってか、特に一般向けでは 70％以上の方が知らなかったと答えています。認知向上に向けた取り組みが期待されます。

3　SLに期待すること：学校実務編
(1)　一般向け

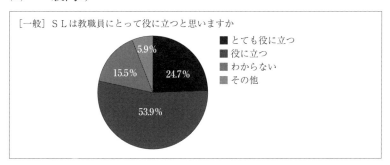

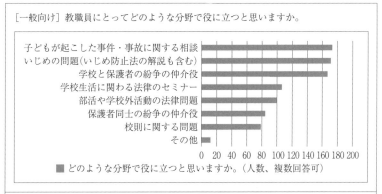

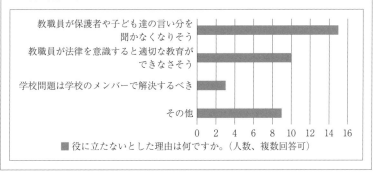

学校実務全般に関して、SLが役立つと思うかを尋ねたところ、一般向けで「とても役に立つと思う」「役に立つと思う」の合計は78.6％と高い数値になりました。その他の意見の大部分は「分からない」15.5％に吸収されています。SLが行うと考えられている教職員へのサポートは、いじめ・事件・事故といった具体的事案の相談のほか、学校と保護者の仲介役であることがわかります。また、教職員のプライベートに関する相談をイメージされている方もいらっしゃいました。
　一方懸念されている点としては、SLが学校の立場に寄ってしまい、教育面の配慮がなされないのではないかといった利益相反状況に関するものが目立ちます。

(2) 教職員向け

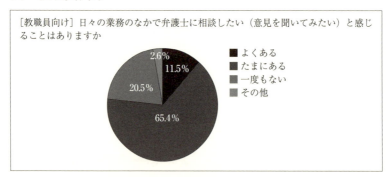

4 スクールロイヤーとこれから

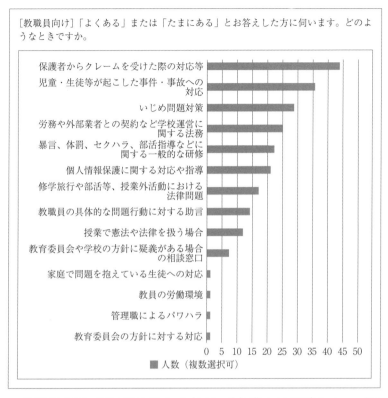

教職員向けでは75％以上の方が、「弁護士に相談したい（意見を聞いてみたい）」と感じたことがあると回答しています。内容は様々で、第2章で取り上げた内容が多く含まれています。

4 SLに期待すること：保護者編

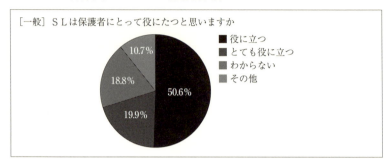

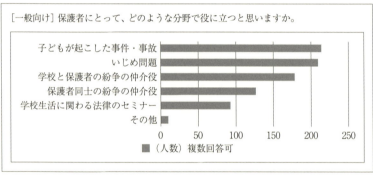

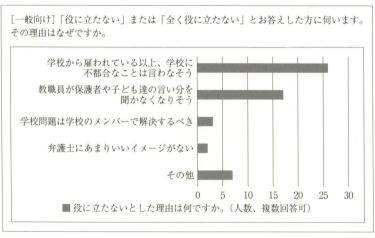

続いて一般向けに、保護者にとってSLが役立つと思うかを尋ねたところ、「とても役に立つと思う」「役に立つと思う」の合計は70.5％と、教員に対するものより8.6％低くなっています。保護者よりも教員のほうがSLを使いやすい立場にある、もしくは相談を必要とする領域が広いと認識されていることが分かります。

SLが行うと考えられている保護者へのサポートは、教職員へのサポートと変わりありませんが、自由記載欄には家庭問題（環境調整）への対応、法的知識の提供、教職員からの加害の防止が挙げられており、特徴的でした。

懸念されている問題点としては、学校の側に立ってしまう、隠蔽の手助けをされそうといった利益相反状況でした。

5　SLに期待すること：児童・生徒編

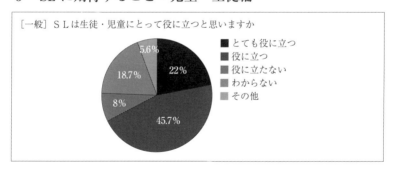

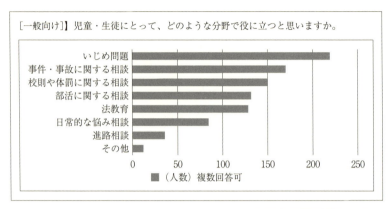

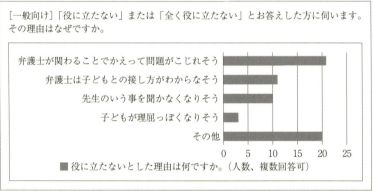

　SLが児童・生徒に役立つと思うかを尋ねたところ、「とても役に立つと思う」「役に立つと思う」の合計は67.7％と、教員に対するものより10.9％、保護者に対するものより2.8％低くなっています。子どもは大人よりも法的助言を必要とすることが少ない、もしくはSLまでのアクセスにハードルがある、さらには法的思考が教育の妨げになるという考えからくるものと思われます。

　児童・生徒へのサポートとしてSLに期待されている役割は、いじめ、事件・事故、部活、校則等のアクシデントに関する

相談に重点が置かれており、日常的な相談より大きな比重を占めています。

　懸念されている点として、弁護士が関わることによってかえって問題がこじれそうという意見が一定以上挙げられていることが特徴的です。また、自由記載欄では、教育現場や学校に理解のある弁護士が少ないのではないか、スクールカウンセラーの他に窓口が増えることで混乱を招くといった意見、さらには子どもが理屈っぽくなる、先生のいう事を聞かなくなるなど、法的考え方を教育の場に持ち込むことの情操的影響が指摘されていました。隠蔽の手助けをされそうといった利益相反状況も指摘されています。

6　SLに期待すること：いじめ編

　SLがいじめ問題にどのように役立つかを尋ねたところ、一般・教職員回答ともに加害者・被害者への直接対応の期待が高いと分かります（次頁参照）。また、一般回答については多くの項目が横並びなのに対し、教職員回答は予防のための啓発活動等の要請が強いことが特徴です。なお、重大事態の事実調査という法律家の力が発揮できそうな部分に需要がない点はやや意外でした。

いじめ問題に関し、SLに期待されている活動として重要だと思うものを3つまでチェックして下さい。
［一般回答］

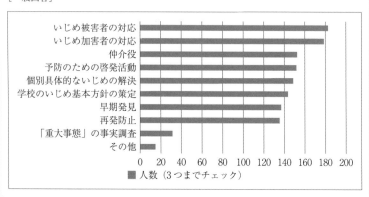

［教職員回答］

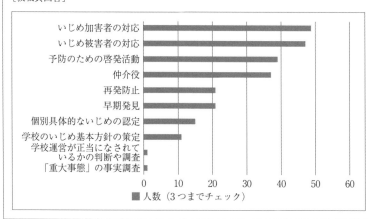

7　SLにしないでほしいこと

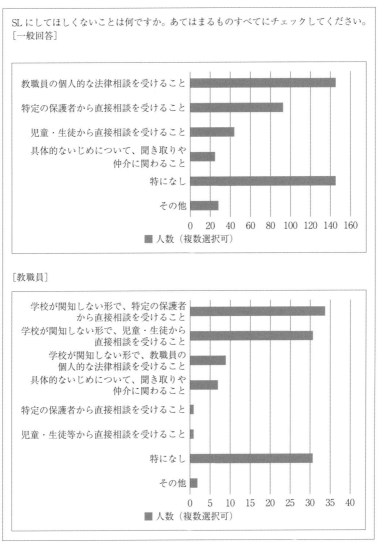

　SLにしてほしくないことも尋ねました。一般回答と教職員回答で結果が大きく分かれました。一般回答では、教職員

の個人的な法律相談は望まれておらず、他方で保護者や児童・生徒からの聞き取りに対する抵抗は教員程ではありません。また、一般回答について、利益相反に関する自由記載が多いことが気になりました。学校・教職員と保護者・児童の間に利益対立があるという意識が強いことが伺われます。

8　終わりに

やはり、SL制度が信頼を勝ち取るために注意するべき最大のポイントは、利益相反です。とりわけ一般向けアンケートからは、学校・教職員と児童・保護者の間に利益対立があるという意識が強く窺われます。また、弁護士による問題隠蔽への懸念も一定以上みられることが明らかとなりました。他方でSLに対する高い期待も感じとれます。

SLには「場の法律家」であるという意識、客観性・透明性の担保が強く求められます。さらには、学校と保護者の信頼関係の構築の媒介者となることが期待されます。

また児童・生徒ではなく、保護者や教職員といった大人にメリットのある制度だととらえられている傾向があるため、児童・生徒が利用しやすい仕組みづくりを進めて行く必要が明らかになりました。

SLを導入した学校や自治体においても、教職員、児童・生徒、保護者を対象としたSLに関するアンケートなどを行い、PDCAサイクルを適切に回すことが求められます。

Ⅲ　自治体いじめ規則評価

1　地方いじめ基本方針と学校いじめ基本方針

　いじめ防止法は、PDCAサイクルに基づき、継続的で効果的な施策を実行することによって、いじめの未然防止、早期発見、事案対処に取り組み、いじめを防止しようとしています。このPDCAサイクルの中心となるのが、P（plan）にあたる「いじめ防止基本方針」の策定です。いじめ防止法は、全ての学校に対して、いじめ防止のための具体的な方針・計画を立てることを義務付けています（13条）。

　各学校におけるいじめ防止基本方針では、いじめの防止のための取り組み、早期発見・早期対応の在り方、教育相談体制、生徒指導体制、校内研修などを定めることが想定され、いじめの防止など全体に係る内容であることが必要であるとされています。さらに、学校いじめ基本方針の中にもPDCAサイクルを盛り込み、当該方針が学校の実情に即して適切に機能しているかを22条組織を中心に点検し、場合によっては見直すことも必要とされています（20条、参附帯四）。

　こうした学校のいじめ基本方針の基盤となっているのが、各自治体におけるいじめ防止基本方針です（ここでは「地方いじめ基本方針」といいます）。地方いじめ基本方針を定めることは、いじめ防止法においては努力義務にとどまりますが（12条）、学校いじめ基本方針と国のいじめ基本方針をつなぐ大切な役割を担っていることに加え、いじめの現場である学校の基本方針を策定する際の基本的な考え方やいじめ対策の基盤になるものですから、各自治体で充実した基本方針を定

めることが望まれます。

しかし、いまなお基本方針が定められていない地方自治体もありますし、策定されているとしても、その内容は自治体によって千差万別と言わざるをえない状況です。

2 各自治体の地方いじめ基本方針に対する評価
(1) 自治体チェックリストの策定

そこで、ナビの弁護士チームでは、2014年・2015年に、各自治体のいじめ基本方針がいじめ防止法の趣旨に即した実効的な内容になっているかを簡単にチェックするツールとして、独自にチェックリストを策定しました。チェックリストにおいては、いじめから児童生徒の生命・尊厳を保持するといういじめ防止法の目的を達成するために、各自治体が、どれだけの熱量をもって地域や学校の構造的問題に切り込んでいるかを重視しています。

チェックの対象としている自治体は、地方いじめ基本方針を策定・公表している政令指定都市・主要都市（概ね人口50万人以上）です。

(2) チェックリストの項目と評価方法

具体的なチェックリストの項目は、いじめ防止法上の重要項目である①「PDCAサイクルなど」②「自治体内部の組織構成」③「法22条の組織」（学校内部の組織）④「いじめ予防の体制作り」⑤「重大事態への対応」⑥「その他の考慮要素」（以上、2015年度版）に分けられます。さらにその項目ごとに細分化したチェックリストを策定し、点数化しまし

た。このチェックリストを使用して、複数の弁護士グループにより各自治体の基本方針をそれぞれ3回チェックし、平均により算出した点数を、各自治体の評価としました。

(3) 各自治体の評価とその後

　2015年度の評価対象は、25都市に上りました。チェックリストに沿って評価した結果、各自治体によって、随分といじめ防止に対する情熱が異なるということが明らかになりました。

　鹿児島市・仙台市・川崎市等の評価の高い自治体は、総じて独自の取り組みなどが極めて具体的に例示・記載されるなど、国や都道府県の基本方針をより深めた内容になっていました。他方で、八王子など下位自治体は、国の基本方針をそのまま転載し、何ら具体的な方策が記されていないなど、いじめ防止に情熱が感じられないものが散見されました

　ナビでは、これらチェックした各自治体の評価をホームページで公表しました。そうしたところ、朝日新聞や毎日新聞などのマスコミに大きく取り上げられ、調査対象となった自治体に加えて、対象外の自治体の担当者からの反響も多くありました。自治体の担当者からチェックリストの使い方や内容について問い合わせが来るなど、自治体自身のセルフチェックとしての機能を担っています。これらの影響もあってか、八王子市など一部の市では基本方針が大幅に改善されました。

(4) 評価によって浮き彫りになった問題点

　この調査を通じて、各自治体のいじめ防止に対する熱量が

測られたわけですが、同時に問題点も浮き彫りになりました。特にいじめ防止法の趣旨が行き渡っていないと感じられたのは、22条組織の理解です。法22条は、学校内部に、いじめ対策の中心となる常設の組織を設置し、生徒指導の中心となる教職員だけでなく、担任などの一般の教職員や外部の有識者を参画させることを求めています。これは、過去のいじめによって発生した悲惨な事件において、担任の教職員が一人で抱え込んでしまい対策が遅れてしまうことに対する反省から、必置の組織として定められているものです。いじめの未然防止・早期発見・事案対処の解決のための肝となる仕組みです。しかし、多くの自治体では、法施行前と変わらずに、従前の生徒指導担当者などをそのまま組織のメンバーとし、教職員間の情報共有についても曖昧な記載にとどまっています。このままでは、担任の抱え込み問題は解決されず、いじめ防止の組織として実効的に機能するとは考えにくいでしょう。

　いじめは、被害児童と加害児童の関係にとどまらず、各々の家庭環境の問題や学校内部の問題等が複雑に絡み合った複合的な問題ですから、事態対処の専門性確保や隠ぺい防止などの観点からも外部の専門家の積極的な確保が必要です。

3　PDCAサイクルのC（check）とA（act）としてのSL
　SLは、法的専門性と多くの事実に触れてきた経験を武器に、外部の専門家として、22条組織の一員として有用な役割を果たすことが期待されています。個別具体的な問題の未然防止・事態発生時の対応へのアドバイスはもちろん、学校の基

本方針が、法の趣旨に即し、実効的で活きたものになっているか検証する、PDCAサイクルのC（check）とA（act）の役割を担うのです。自治体がチェックリストを使用してセルフチェックを行うのと同様に、SLが基本方針をセルフチェックする、いわばチェックリストとしての役割を果たすことになります。法の趣旨に即した具体的な方策を練りこみ、学校の実態に合った独自の基本方針を策定し、さらにそれを検証していくためには、必要不可欠な存在であるといえるでしょう。

各自治体は、PDCAサイクルを意識した上で、積極的にSLなどの外部の専門家導入をすすめ、基本方針に反映されるべく、C（check）とA（act）の充実を主導していくことが望まれます。

Ⅳ　いのちの生徒手帳プロジェクト

ナビでは、「いのちの生徒手帳プロジェクト」という活動を行っています。外部相談機関の連絡先を生徒手帳などに貼り付けることができるようにレイアウトしたものです。

このプロジェクトは以下のような特徴を有しています。第一に、学校として「いますぐ」に「しかも安価に」取り組むことができます。第二に全員に確実に「情報」を伝えることができます。第三に、日々携帯する生徒手帳に貼り付けることで、いつでも見られる環境をつくることができます。第四に、「助けてくれる大人はいる」ことを子どもたちに具体的に知ってもらうことができます。第五に、いじめの具体的な方法を提示することで、子どもたち自身が解決のために動く

ことを助けることができます。そして第六に、第三者の相談先情報（行政の相談電話や民間の相談電話など）を掲載することで「命綱」のチャネルを増やすことができます。

　このプロジェクトは、2013年から始めており、福岡県筑紫野市の全中学校をはじめ、東京都立の複数の高校、千葉市立朝日ヶ丘中学校など、すでに多くの学校で取り入れられています。いくつかの学校では、始業式などでこの手帳の情報を紹介しています。学校自身が紹介することで、子どもたちに「相談してもいいんだ」という信頼感を与えることにつながります。このように、学校が直接、いじめを回避する方法があるということを呼びかけることは重要です。

　いじめナビでは、いのちの生徒手帳のレイアウトをウェブサイトで公開しています。

　レイアウトは自由にご利用いただけます。「いじめ防止宣言」の内容を学校の基本方針に対応させるなど、具体的な中身を各学校でアレンジし

ていただくことも問題ありません。多くの学校で利用されることを願っています。

このように学校現場で得られた知見やアイディアを、具体的な形にして社会に還元することも、SLに求められる活動の1つです。

V 他の団体との連携

いじめ問題をはじめとした、学校に関する問題・課題を学校の教職員だけで解決することは困難です。だからといって、SLさえいれば万事解決するなどということはありえません。

学校は社会の一員を育てる場であり、また社会の単位のひとつです。そこで発生する様々な問題や課題を、教職員が一人で抱え込む必要はありません。また、それが最善の方法でもありません。教職員への過度な負担になることはもちろんのこと、当事者にとっても他の人たちにとってもよい結果をもたらしません。

社会は、様々な専門家の連携によって問題解決に取り組んでいます。学校だけが例外ということはありません。

いじめ問題ひとつとっても、複合的な問題を包含しており、各種専門家の連携が不可欠です。

例えば自殺問題です。いじめの重大事態として一番深刻な結果は自殺です。自殺を防止するためには、自殺の専門家の助言や知識が不可欠となります。

また、LGBTは、いじめに遭いやすい要素として挙げられます。LGBTの子または自覚はなくても悩んでいる子について、いじめにあわないようなクラスを作りあげるために、当

事者の声を拾い上げたり、一般的に周りに理解されていないことを理解したりするために、LGBTの専門家は重要です。

　子どもの相談窓口は、学校ではまだ明るみに出ていない相談事の典型例を集約して分析したり、実際に学校や家族には相談しづらい場合の受け皿として活動しています。いじめの被害者・加害者ともに背景に家庭の貧困が隠れていることがあるため、それを見抜き、対策を取るうえでは、貧困対策の専門家も必要になります。

　このような考えに基づき、ナビには、弁護士チームのほか、自殺、LGBT、子どもの相談窓口、貧困対策の各専門家やフリースクール関係者、子ども図書館、発達障害研究者等が所属しています。また、子どもの生活に不可欠となりつつある、SNSやインターネット関連の企業（Facebook、Instagram、LINEなど）とも、問題解決のために、連携しています。

　各種専門家が専門知識を結集させることで、問題の原因を探ること、解決方法を考えること、実際に解決策として実施すること、その結果を検証することなど各段階において、より広く深い考察・実施ができ、今後同様の問題が発生した際に、再発防止という観点からも有用であると考えます。

　SLとして活動する際には、教職員やスクールカウンセラーと互いの専門性を尊重しながら連携することが不可欠です。加えて、その枠内にとどめることなく、そして一人が抱え込んでしまうことがないよう、多種多様な専門家と連携・協力して問題・課題解決に取り組んでいくことが求められています。

Ⅵ　情報発信

　SLにとって、現場で得た知見を外部に広げることは重要な役割です。一般的に、教職員は日々の業務で多忙を極めます。日本の教職員は世界で一番忙しいとも言われています。教職員自身が、日々の活動で得られた知見を整理して外部に発表することには、超人的なパワーを必要とします。また、特に国公立の場合、立場上顔と名前を出して発信することは容易ではありません。さらに、これは教職員の方々に限られませんが、自らの活動を客観的に紹介することは難しく、またその重要性や優位性を認識しえたとしても、それを自ら積極的に発信することには抵抗を抱きがちです。

　他方でSLは、教育現場で稀な独立性と外部性を有する存在です。また、複数の学校に携わることが期待されているため、複数の学校現場を見て比較することで、相対的におもしろい取り組みなどを発信しやすい状況にあります。さらに、自らの法律家としての専門性を、教育現場で得た知見とミックスして整理することが可能です。これらの特徴から、SLには、教育現場と社会を結び、相互理解を促進し、協力を促すことが期待されます。また、教職員は他の教職員の活動に関する見聞を深めて自らの活動に還元することが可能になります。プライバシーなどに配慮しつつ、教育現場の取り組みを積極的に発信することは、SLに求められる活動の1つです。

　例えばナビでは、2017年1月、弁護士チームの代表の真下麻里子がTEDxHimiに出演し、「いじめを語る上で大人が向き合うべき大切なこと」と題して講演をしました。前掲の

真下講演
(Youtube)

https://www.youtube.com/watch?v=3C8F-Z1gkeE

いじめ防止授業を紹介しながら、「どこからがいじめか」、「大人が見えるいじめはどの部分か」といった、いじめの共通認識の醸成の重要性を強調しました。

　他にも、書籍を出版したり、シンポジウムに登壇したり、ブログやSNSで発信することも期待されます。

　プライバシーや名誉を傷つけぬことのないよう、バランスよく外部に現場の声を発信することがSLには求められています。

Ⅶ　SLの可能性は無限大

　本章で紹介してきた活動は、ナビの弁護士チームが、いじめ問題に携わる法律家として行ってきたものの一部です。SLの中にはいじめ問題だけでなく、様々な専門的なバックグラウンドを持った法律家が入ることが期待されます。これらの専門知が発揮されることにより、学校現場と社会がどんどん繋がり、大きな化学変化が生まれる可能性を秘めています。

　その化学変化が、めぐりめぐって現場の児童・生徒の充実した教育体験に還元されることが何よりも期待されます。

終わりに

　私たちは、2011年の大津事件をきっかけに活動をはじめ、以来、いじめ防止活動を通じて教育現場と真摯に向き合ってきました。その間、何度も「弁護士が教育現場に関わる」ことが容易ではないことを痛感してきました。教育現場と弁護士の間には、それぞれに高い"壁"があるからです。

　まず、教育現場には、法律や弁護士に対して、「できれば関わりたくない」という"イメージの壁"があります。法律は「上から押し付けられるもの、誰かを縛り罰するもの」、弁護士には「トラブルになったら出てくる人、何かウルサイことを言ってくる人」というイメージです。

　そのため学校は、関係の浅い弁護士に自校の内情を気軽に話すことなどありません。講演や教職員研修などで1、2度ばかり学校を訪れたとしても、「我が校は弁護士の先生にご相談しなければならないような問題はありません」と予防線を張られてしまうか、講演や研修内容をひたすら褒められて早々に学校からお引き取り願われる、といったところでしょう。

　他方、弁護士側にも"壁"があります。教育現場に対する勉強不足や認識不足です。私たち弁護士は、訴訟や判例、自分の子ども時代の経験などを通してしか教育現場を知りません。このことを自覚し、謙虚な姿勢で教育現場と関わらなければなりません。そうしなければ、教職員からの信頼も情報も得られず、目の前の学校に潜む具体的な法的ニーズを認識することはできないでしょう。情報が入らないわけですから、

自分がニーズに気付けていないことにすらも気付けないと思います。

　私たち弁護士は、こうした"壁"を乗り越えるため、教育現場に敬意を払い、自ら積極的に関わっていかなければなりません。弁護士の方から信頼関係を築きにいかなければなりません。それはおそらく、教育現場に関わることを、訴訟などの通常業務や講演などの公益活動の延長として位置付けてしまっては実現できないことでしょう。

　どの学校にも個性があります。構成員が年々入れ替わるため、年によっても傾向は異なります。そうした事情を的確に把握し、法的ニーズを探り出すには弁護士が教育現場にとって"お客様"でいてはなりません。

　せっかく弁護士を学校に関わらせる制度ができるのです。教育現場においても、弁護士の間でもたくさんの議論を重ね、みんなの手でSL制度を教育現場に有用なものにしていきましょう。

　SLの使命は何か、どこまで何ができるか、どのくらいの頻度で学校を訪れるか、生徒や保護者から相談を受けたらどうするか、報酬はどうするかなど、議論すべきことはたくさんあります。

　本書では、これらの点に対する私たちなりの見解を示しました。本書をそうした議論の"叩き台"にしてください。SL制度を作り上げていくのは一人一人の国民です。読者の皆様です。本書がSL制度の実務をが良い方向に進めるための一助となれば望外の喜びです。

【参考文献・web サイト】
宇賀克也・遠藤信一郎・和田洋一・石井純一『論点解説　個人情報保護法と取扱実務』(日本法令、2017 年)
個人情報保護委員会「個人情報保護に関する法律・ガイドラインの体系イメージ」https://www.ppc.go.jp/files/pdf/personal_framework.pdf
個人情報保護委員会「個人情報保護法ハンドブック」https://www.ppc.go.jp/files/pdf/kojinjouhou_handbook.pdf
兼子仁・蛭田政弘『学校の個人情報保護・情報公開』(ぎょうせい、2007 年)
前橋市教育委員会編『教職員の個人情報取扱の手引』(学陽書房、2006 年)
宇賀克也『個人情報保護法の逐条解説〔第 5 版〕』(有斐閣、2016 年)
松澤幸太郎「学校における個人情報保護のあり方」https://www.chart.co.jp/subject/joho/inet/inet08/inet08-1.pdf
松澤幸太郎「最近の学校における個人情報保護──傾向と対策」https://www.chart.co.jp/subject/joho/inet/inet17/inet17-1.pdf
神内聡『学校内弁護士　学校現場のための教育紛争対策ガイドブック』(日本加除出版、2016 年)
山口卓男『新しい学校法務の実践と理論──教育現場と弁護士の効果的な連携のために』(日本加除出版、2014 年)
古笛恵子『学校事故の法律相談』(青林書院、2016 年)
スポーツ問題研究会『Q&A スポーツの法律問題〔第 3 版〕』(民事法研究会、2012 年)
権利擁護マニュアルプロジェクトチーム編『新・子どもの権利擁護マニュアル──子どものためのリーガルソーシャルワーク』(東京弁護士会、2016 年)
関口博・菊地幸夫『学校事故の法務と対処法 Q&A〔改訂版〕』(三協法規出版、2016 年)
池谷孝司『スクールセクハラ──なぜ教師のわいせつ犯罪は繰り返されるのか』(幻冬舎、2014 年)
角田由紀子『性と法律──変わったこと、変えたいこと』(岩波新書、2013 年)
中井智子「職場のハラスメント──適正な対応と実務〔第 2 版〕」(労務行政、2018 年)
子ども性虐待防止市民ネットワーク大阪編『白書スクール・セクシュアルハラスメント』(明石書店、2001 年)
田中早苗『スクール・セクハラ防止マニュアル』(明石書店、2001 年)
小國隆輔・私学経営研究会『学校現場におけるハラスメント問題と防止策』(法友社、2011 年)
人権教育啓発推進センター「企業における人権研修シリーズ　セクシュアル・ハラスメント」http://www.moj.go.jp/jinkennet/asahikawa/sekuhara.pdf
大阪府教育委員会「教職員による児童・生徒に対するセクシュアル・ハラス

メントを防止するためにＱＡ集」http://www.pref.osaka.lg.jp/attach/4919/00026832/qabook1.pdf
佐藤幸治『日本国憲法論』（成文堂、2011 年）
荻上チキ・内田良編著『ブラック校則――理不尽な苦しみの現実』（東洋館出版社、2018 年）
季刊刑事弁護増刊「少年事件ビギナーズ ver.2」（現代人文社、2018 年）
第二東京弁護士会子どもの権利に関する委員会編『新少年事件実務ガイド〔第 3 版〕』（現代人文社、2015 年）
福岡県弁護士会子どもの権利委員会編『少年事件付添人マニュアル〔第 3 版〕』（日本評論社、2013 年）
斗谷匡志「学校における学生、生徒に対する懲戒処分（特に退学処分）をめぐる問題」判例タイムズ 1417 号 13 頁
三坂彰彦「Ⅲ学校問題」東京弁護士会弁護士研修センター運営委員会編『弁護士専門研修講座子供をめぐる法律問題』（ぎょうせい、2016 年）
権利擁護マニュアルプロジェクトチーム『東京弁護士会子供の人権救済センター 30 周年記念出版』（東京弁護士会、2016 年）
住友剛『新しい学校事故・事件学』（子どもの風出版会、2017 年）

【参考裁判例】

東京高判昭和 61・11・25　判例自治 47 号 38 頁
東京地判平成 2・6・5　判時 1366 号 72 頁
岡山地判平成 6・12・20　労判 672 号 42 頁（真備学園事件）
さいたま地裁熊谷支部平成 25・2・28　判時 2181 号 113 頁
最判平成 18・3・13　判時 1929 号 41 頁
最判昭和 58・2・18　民集 37 巻 1 号 101 頁
熊本地裁昭和 50・7・14　判タ 332 号 331 頁
大阪地判平成 4・7・20　判時 1456 号 159 頁
東京高判昭和 56・4・1　日刑・13 巻 4・5 号 341 頁
最判平成 21・4・28　日民集 63 巻 4 号 904 頁
さいたま地判平成 27・10・30　LEX/DB 文献番号 25541570
大阪高判昭和 30・5・16　高刑集 8 巻 4 号 545 頁
最判昭和 29・7・30　民集 8 巻 7 号 1501 頁（京都府立医大退学処分事件）
最判昭和 49・7・19　民集 28 巻 5 号 790 頁（昭和女子大事件）
最判平成 8・3・8　民集 50 巻 3 号 469 頁（剣道実技拒否事件）
最判平成 8・7・3　判タ 936 号 201 頁（修徳高校パーマ退学事件）
東京高判平成 4・3・19　判タ 783 号 151 頁
大津地判平成 26・1・14　判時 2213 号 75 頁

執筆者一覧

ストップいじめ！ナビ
スクールロイヤーチーム

真下麻里子　（ましも・まりこ）
井桁大介　　（いげた・だいすけ）
石田　愛　　（いしだ・あい）
小島秀一　　（おじま・しゅういち）
足立　悠　　（あだち・はるか）
清水秀俊　　（しみず・ひでとし）
西野優花　　（にしの・ゆうか）
石垣正純　　（いしがき・まさずみ）
櫻井光政　　（さくらい・みつまさ）
飯野恵海　　（いいの・えかい）
泉　智之　　（いずみ・さとし）
片山敦朗　　（かたやま・あつろう）
岡田常志　　（おかだ・じょうじ）
金子春菜　　（かねこ・はるな）
國松里美　　（くにまつ・さとみ）
松坂拓也　　（まつざか・たくや）

スクールロイヤーにできること
2019年2月25日　第1版第1刷発行

編　者──ストップいじめ！ナビ
　　　　　スクールロイヤーチーム
発行所──株式会社　日本評論社
　　　　　〒170-8474　東京都豊島区南大塚3-12-4
　　　　　　　　　　　電話 03-3987-8621（販売：FAX -8590）
　　　　　　　　　　　　　 03-3987-8592（編集）
　　　　　　　　　　　https://www.nippyo.co.jp/　振替 00100-3-16
印刷所──平文社
製本所──難波製本
装　丁──銀山宏子

検印省略　Ⓒ2019　ストップいじめ！ナビ
　　　　　　　　　　スクールロイヤーチーム
ISBN 978-4-535-56374-2　　　　　　　　　　　　　Printed in Japan

JCOPY 〈(社)出版者著作権管理機構　委託出版物〉
本書の無断複写は、著作権法上での例外を除き、禁じられています。複写される場合は、そのつど事前に、(社)出版者著作権管理機構（電話 03-5244-5088、FAX 03-5244-5089、e-mail：info@jcopy.or.jp）の許諾を得てください。
また、本書を代行業者等の第三者に依頼してスキャニング等の行為によりデジタル化することは、個人の家庭内の利用であっても、一切認められておりません。